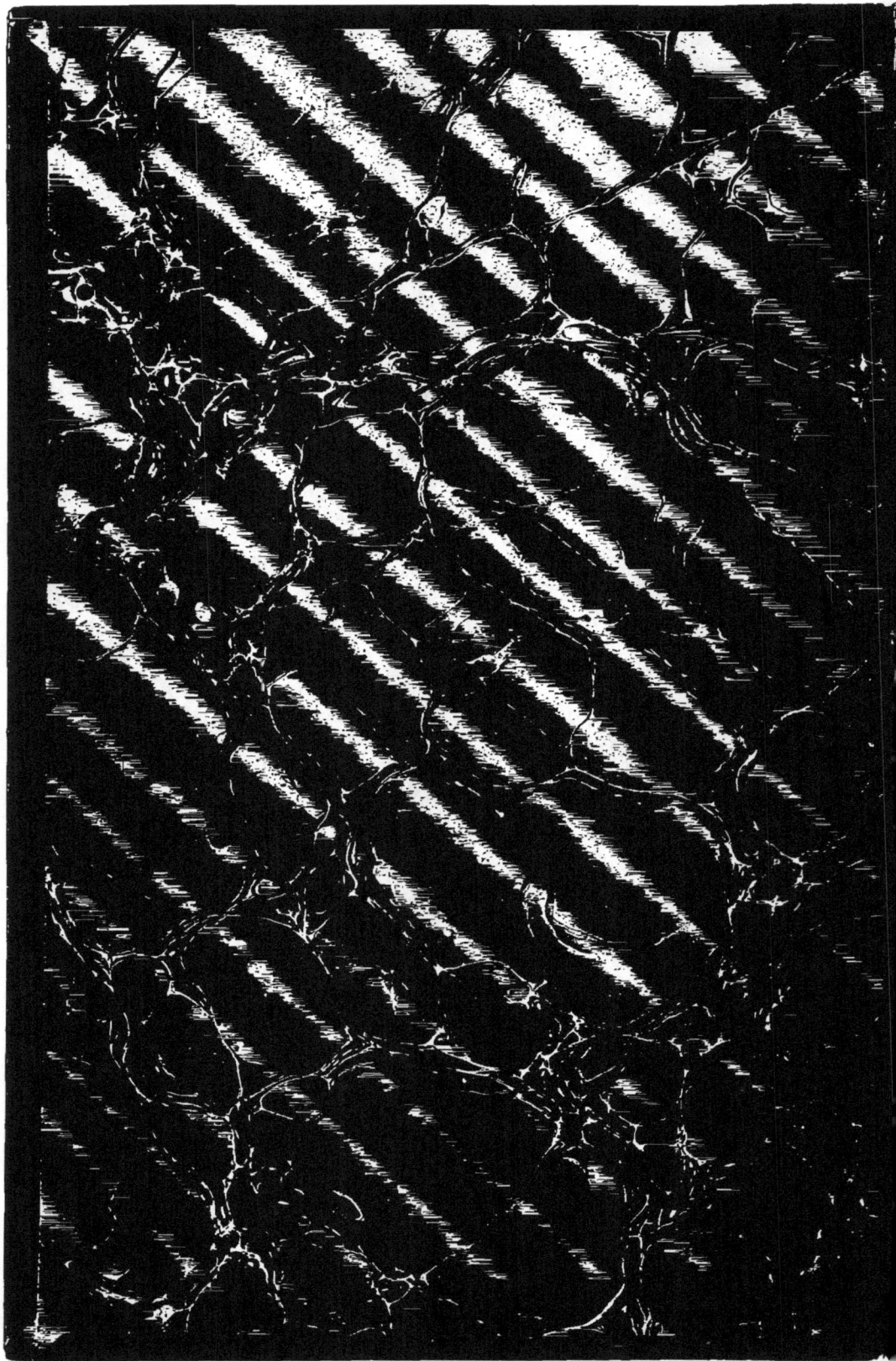

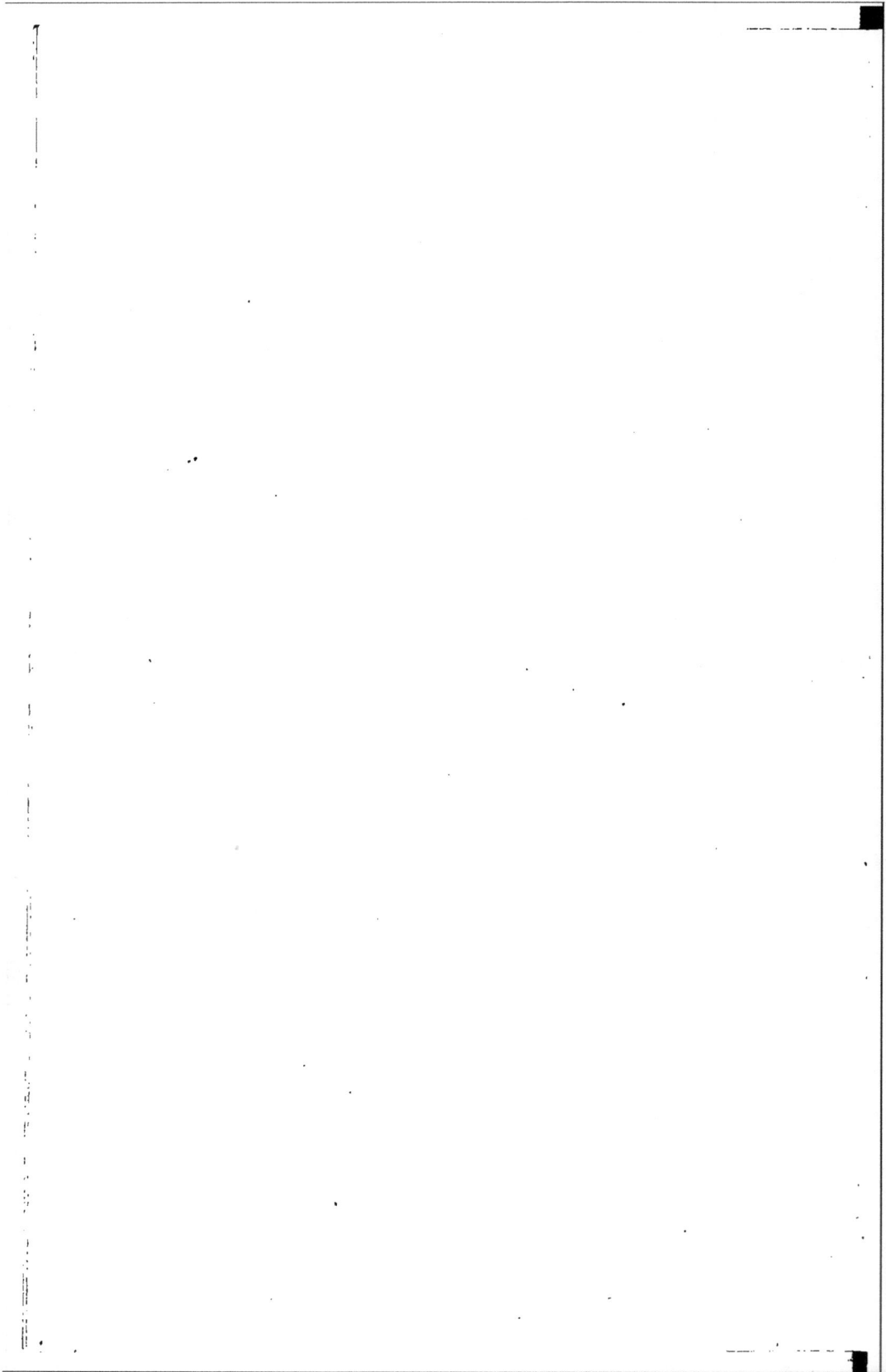

COLLECTION HISTORIQUE

DES BIBLIOPHILES PARISIENS

LES

RUES & ÉGLISES DE PARIS

VERS 1500

UNE FÊTE A LA BASTILLE

LE SUPPLICE DE BIRON

TIRÉ A 35o EXEMPLAIRES

TOUS NUMÉROTÉS

320 sur papier de Hollande.
30 — — Whatman.

N° 197.

LES

RUES & ÉGLISES

DE PARIS, VERS 1500

UNE FÊTE A LA BASTILLE

EN 1508

LE SUPPLICE
DU MARÉCHAL DE BIRON

A LA BASTILLE EN 1602

Publiés d'après les éditions princeps

AVEC PRÉFACES ET NOTES

Par Alf. BONNARDOT, Parisien

PARIS

LÉON WILLEM, ÉDITEUR

8, RUE DE VERNEUIL, 8

—

1876

LES RUES
ET ÉGLISES DE PARIS

INTRODUCTION

Nous avons reproduit, en 1848, avec la plus scrupuleuse exactitude le texte du présent opuscule (à la suite d'une dissertation sur les diverses éditions des *Antiquitez de Paris*, par Gilles Corrozet) d'après l'exemplaire peut-être unique, conservé à la bibliothèque de l'Hôtel de Ville où il était coté P. 7. Cette rarissime plaquette ayant été détruite par le déplorable incendie de notre palais municipal en mai 1871, nous avons jugé utile de la réimprimer.

Au lieu de décrire ici la disposition du titre, nous ferons mieux : nous en donnerons un fac-simile ayant pour base un calque tracé avec soin par nous en 1848. Quant à la marque du libraire gravée sur bois au revers du dernier feuillet, le calque que nous en avions pris au crayon étant un peu effacé, nous en reproduirons la gravure très-exacte qu'on trouve au tome I, colonne 967 du *Manuel* de Brunet (édition de 1860-65), au sujet du livre intitulé : *Blazon des armes,* livre sans date publié par Pierre Le Caron. Grâce à l'obligeance de M. Alfred Firmin Didot, notre gravure est un tirage du cliché même qui a servi pour le Manuel de Brunet.

L'ouvrage original que possédait la bibliothèque de la ville se compose de dix feuillets ou vingt pages, y compris le titre, au-dessous duquel est grossièrement représentée une des portes de Paris. La liste des rues est imprimée sur deux colonnes, mais le reste du texte occupe toute la largeur de la page.

Brunet, au tome IV, col. 1452, cite le titre exact de ce petit in-4° gothique et sans date, puis il ajoute : « Opuscule curieux et rare de 10 ff. seulement, ayant à la fin la marque de Pierre Le Caron : un P et un C. enlacés au

milieu d'une vignette, avec le mot *Franboys* (1)
au dessous. L'édition paraît être de la fin
du XVᵉ siècle (2) et c'est la plus ancienne que
nous connaissions de cet opuscule. Le blason
est en vers. Vendu 81 fr. Morel-Vindé. »

Qui possède aujourd'hui cet exemplaire,
dont Brunet n'indique pas la reliure ? Serait-ce
celui de l'Hôtel de Ville (relié en veau brun)
que la Ville aurait acquis à la vente de Vindé,
vente faite en 1822.

Brunet mentionne ensuite comme édition
un peu moins ancienne du même ouvrage
un autre opuscule également sans lieu, ni date,
in-4° goth. de 6 ff. et portant le même titre
que le précédent, sauf la fin de ce titre où on
lit cette variante : « Et aussi les cris joyeux
qui se cryent par chascun jour en icelle ville de
Paris. » Exemplaire relié en maroquin rouge
par Duru, vendu 167 fr. à la vente Solar, faite
en 1860.

Après nous avoir fait l'honneur de citer

---

(1) Sur notre calque au crayon on lit *Franboys*
avec un trait sur l'y, il faudrait donc lire *Franboyns*
ou Fr. Auboyns. Serait-ce le nom du graveur ?

(2) Brunet (t. 6, col. 1322) la cite encore et admet
qu'elle fut imprimée vers 1520. En tout cas, plusieurs
passages du texte semblent attester que ce texte fut
composé au XVᵉ siècle.

notre réimpression de 1848, Brunet continue :
« Il existe une édition des *Rues et Églises de
Paris,* etc., portant pour adresse : *On les vend
à Paris sus maistre Guichard Soquand ,
deuant Hotel Dieu ,* petit in-8 goth. de 12
ff. (1). — On a aussi les *Rues de Paris, impr.
chez Nic. Buffet,* sans date, pet. in-8 goth.
de 12 ff. à la suite des *Cris de Paris, au
nombre de cent sept,* pièce en vers imprimée à
Paris, *Nic. Buffet,* 1549, pet. in-8 de 16 ff.
lettres goth., etc.

On comprend qu'il faudrait avoir sous les
yeux toutes ces pièces pour décider si elles
reproduisent positivement , à quelques variantes et additions près , l'ouvrage primitif
dont nous allons réimprimer le texte. Les ren-
seignements qu'on y trouve sur Paris sont peu
détaillés, et les assertions de l'auteur, en fait
de statistique, sont loin d'être toujours ac-
ceptables. Néanmoins il contient, comme tous
les livres du même genre et du même siècle,
quelques vérités disséminées au milieu de
contes absurdes ; et, en somme, il nous four-

---

(1) Nous avons vu en 1848 chez M. Leroux de
Lincy, un exemplaire de cet opuscule, imprimé sur
deux colonnes. C'est celui sans doute que décrit
Brunet.

nira, çà et là, plusieurs documents qu'on cher-
cherait vainement ailleurs.

Le texte reproduit est accompagné de quelques notes, les unes au bas de la page, les
autres en italique et entre parenthèses, à côté
du texte. Nous avons scrupuleusement conservé l'orthographe ; mais, pour plus de clarté,
nous avons ajouté des accents et des apostro-
phes et rétabli les lettres remplacées par des
signes abréviatifs. Quelques virgules, figurées
dans le texte par des traits obliques, ont été
remplacées par le signe ordinaire. Quand la
leitre i majuscule doit se prononcer j, nous
l'avons remplacée par cette dernière lettre.
Notons qu'il n'y a jamais de points à la fin
des phrases.

Mesrues et

Eglises à Paris auec la despece q̃ si fait chaeū io˜ Le lo̅
g tenclos de lad ville. Auec lenelos du bois de Vincēnes
⁊ les epythaphes de la grosse tour dud Bois, q̃ la fonda, q̃
la parfist ⁊ actcua. Et auec ce la longueur la largeur ⁊
la haulte˜ de la grāt eglise ð Paris auec le blason de lad
ville. Et aucūs des cris q̃ lon crie parmp la ville.

Cy commencent les noms des rues de la grant et illustrissime ville cité, et Université de Paris,

et premièrement du Quartier des Halles.

La grant rue Saint-Denis
La rue Saint-Sauueur
 — de Beau repaire
 — Pauuée
 — de Moultorgueil
 — de Quiquetonne
 — au Lyon (*du Lion-S.-Sauveur*)
 — de Mauconseil (1)
 — de Merderel (*Verdelet*)
 — au Cyne (*Cygne*)
 — de la grant Truanderie
 — de la petite Truanderie
 — de Maudestour
 — de Petouet (*Pirouette*)

---

(1) L'auteur parait avoir oublié à dessein la rue des Deux-Portes-S.-Sauveur (voisine de celle Mauconseil), qui portait alors un nom des plus obscènes.

La rue de la Chanuoirrie

— aux Prescheurs

— de la Cossonnerie

— au Feurre *(aux Fers)*

— de la Charronnerie (1)

Le cloistre Saincte Oportune

La rue de la Tableterie

— de la Harengerie.

— de la Sauonnerie

— de la Mégisserie

— Saint Germain l'auxerrois

— des Lauandières

— de Jehan Loingtier

— Guillaume Porée *(des deux Boules)*

— des Recommandaresses (2)

---

(1) Partie de la rue actuelle de la Ferronnerie, citée plus loin.

(2) Ce nom doit ici s'appliquer à la rue de la Vannerie. Plus loin est citée une autre rue des Recommanderesses : celle de la Coutellerie. Les *Recommanderesses,* selon Guillebert de Metz, sont des femmes qui « louent varlès et chamberières. »
Plus tard on nomma spécialement *Recommande-resses* des femmes chargées de fournir des nourrices, qu'on trouvait dans un bureau où on les choisissait sur leur *recommandation.* En 1716 (*Curiositez de*

La rue de la Cordouennerie (*des Four-
reurs*)

— du Siege aux Deschargeurs (*abou-
tissant rue de la Ferronnerie*)

— des Bourbonnois (*Bourdonnais*)

— Thibault aux dez

— de la Charpenterie (*partie de celle
Bethisy*)

— de la Fosse aux Chiens (*Passage
du Panier Fleuri*)

— de Tire chappe

— de la Monnoye

— de Bétisi

L'escole Saint Germain

La rue de l'arbre sec

— Daueron (*Bailleul*)

— Jehan Tison

— des Poullies

— Dautriche (*de l'Oratoire du Louvre*)

La grant rue Saint Honoré

Paris, par Saugrain) le bureau des nourrices ou des
recommanderesses et des servantes était rue S.-Jacq.-
la-Boucherie.)

La rue Saint Thomas du Louure

— de Froit Menteau

— Jehan de Saint Denis (*Pierre Lescot*)

— de Beauuois (*Beauvais*)

— de Champ Fleury

— du Coq

— des Petis Champs

— du Pellicon (*du Pélican*)

— de la court Balle (*du Bouloi*)

— de Grenelles

— de Nesle (*d'Orléans*)

— de la Hache (*partie de celle des Deux-Ecus*)

— des Estuues

— du Four

— des deux Escus

— des Prouuelles (*Prouvaires*)

— de la Tonnellerie

— de la Ferronnerie

La place aux Chatz

La rue de la Lingerie

Les Halles

La Ganterie

La Frepperie

La place aux Toilles
La halle au Fruit
La halle aux Poirées
La halle au Poisson
La rue de la Fromagerie
   — Dessoubz les Pilliers
   — de la Porte Saint Eustace.
   — de la Porte de la Contesse *(bas de
       la rue Montorgueil)*
   — de Montmartre
   — Jehan le Mire *(du Jour)*
   — de la Croix Neufue (*Traînée)*
   — de la Plastrière (*J. J. Rousseau*)
   — des Augustins
   — de Quocqueron.

Le quartier de la porte Baudetz

La grant rue Saint Martin
La rue au Maire
   — de Frapault (*Phélipeaux*)
   — de Trace Nonnain
   — des Graueliers
   — du Cymitiere Saint Nicolas

La rue Chapon
— de Montmorancy
— Garnier Saint Ladre
— Michel le Conte
— aux Ours
— de Quiquempoit
— Berthault qui dort
— Aubery le Boucher
— de la Conroyrie (*des Cinq Dia-
mans*)
— de Maroye de Roucy (*Ogniart*)
— de Trousse-Vache (*de la Reynie*)
— aux Lombars
— de Mariuaulx
— de la Vieille-Monnoye

La Pierre au Laict (*partie de celle des
Ecrivains*)

La rue aux Escriuains
— de la Heaulmerie
— Jehan le Conte (*partie de celle
d'Avignon*)
— d'Auignon.
— de la Sauonnerie
— Saint-Jacques-de-la-Boucherie
— Jean de Lespine

La rue Saint Bon

Le carrefour Guillory

La rue du Porche-S.-Jacques

— de l'Escorcherie

La place aux Veaulx

La rue de la Tennerie

— de la Vennerie

— des Arcis

— des Recommandaresses (*de la Coutellerie*)

— de la Tacherie

— Jehan Pain-Molet

— de Tire-Boudin (1)

— de la Vieille-Tixerranderie

— de la Poterie

---

(1) Cette rue devrait être mentionnée plus haut près de celle de Mauconseil. Elle porte déjà ce nom burlesque en remplacement du mot obscène de *Tirev.*, sur un censier de l'évêché en 1419. On a cru long-temps, d'après une anecdote apocryphe citée par Saint-Foix, que l'ancien nom obscène avait été changé à l'époque de Marie-Stuart et à l'occasion de son passage dans cette rue. On voit qu'elle s'appelait Tire-Boudin plus d'un siècle avant Marie-Stuart, dont elle a pris le nom depuis 1809.

La rue de la Voirrerie *(Verrerie)*

— de la Barre-du-Bec

— Neufue-Saint-Marry

Le Cloistre-Saint-Marry

La rue de la Bretonnerie

— de la Clouterie *(inconnue)*

— de Mariuaulx *(déjà citée)*

— de la Pierre au Laict *(id.)*

— de la Fontaine Maubué

— Symon le Franc

— de Beau Bourg

— de la Plastrerie (1)

— des Estuues

— Geoffroy Langeuin

— des Menestriers

— des Petis Champs

— de Faulce Poterie *(inconnue)*

— de Cul de Sac *(Berthaud)*

— du Temple

— des Blans Manteaulx

— Perrenelle Saint-Pol *(impasse Pec-quay)*

---

(1) Cette rue n'est pas celle du Plâtre, citée plus loin. Nous ignorons quelle rue elle représente.

La rue du Plastre
— de la Vieille Parcheminerie (*partie
de celle des Blancs-Manteaux*)
— des Cynges
— du Puys
— de la Porte du Chaulme
— de Paradis
— de la Porte Barbette
La Vieille rue de Temple
La Vieille rue des Rosiers
La rue des Escouffes
— au Roy de Cecille
— des Balays
La grant rue Saint Anthoine
La rue d'Espaigne (*Jean Beausire*)
— de Picque Puce (1)
— des Barrez
— du Figuier

---

(1) Rue que je n'ai jamais vue citée dans ce quartier de Paris ; celle de ce nom était beaucoup plus loin, en dehors de l'enceinte de Charles VI, au haut du faubourg S.-Antoine. L'auteur aura voulu nommer la rue du *Petit-Musse* (Petit-Musc), ou celle de *la Petite-Pusse,* voisine de la rue de Jouy, que Corrozet mentionne dans sa liste et distingue de celle du *Petit-Musse,* qu'il signale plus loin.

La rue des Jardins

— Saint Pol

— des Nonnandières

— de Jouy

— de la Mortellerie

— Geoffroy Lasnier

— Garnier sur l'eaue

La Porte Baudetz (2)

La rue Regnault le Fèure

Le vieil cymitière Saint Jehan

La rue de Boutibourg

— de Charton (*inconnue*)

— du Cheuet Saint Geruais

— Saint Jehan (*en Grève*)

Le Martellet Saint Jehan

La Place de Grèue

Le quatier (*sic*) **de la Cité.**

Le Pont Nostre Dame
Le Pont aux Changeurs

---

(2) C'est-à-dire peut-être la place où elle était, dans le sens où nous disons : Place de la Bastille. Cette porte, au reste, pouvait subsister encore à l'époque où fut écrit cet ouvrage.

Le pont aux Muniers

La rue de la Vieille Pelleterie

La place Saint Denis de la Chartre

La rue Geruais Laurens

— de la Lentarne

— de Glatigny

— du Port Saint Landry

— Neufue Nostre Dame

Le Cloistre Nostre Dame

La rue Saint Pierre aux Beufz

— Saint Cristofle

— de Marché Palue

Le Petit Pont

La rue aux Feures

— des Marmouretz (*sic*)

— de la Licorne

— du Coquatrix

— de la Vieille Drapperie

— de la Juyfrie

— de la Saueterie

— de la Kalende

— de la Barillerie

— de Parpignan

— Saint Barthelemy

Le Palays du Roy nostre Sire

Le Pont Saint Michel (1)

Le quartier de l'Université.

La rue Saint André des Ars
- Poupée
- des Poicteuins
- de l'Arceuesque de Rouen (*impasse de la cour de Rouen*)
- aux Deux Portes
- de la Chappelle Mignon
- Saint Germain des Prez
- de l'Abbé Saint Denis
- Pauée
- de Nesle
- d'Arondelle (*Hirondelle*)
- des 2 Moutons (*Git le cœur*)
- des Cordeliers
- Saint Cosme
- Pierre Sarrazin
- de la Harpe

---

(1) La liste des rues de la Cité est fort incomplète, on n'en compte que 28, or l'auteur dit lui-même plus loin, page 36, qu'il y en a trente et six.

La rue de Mascon
- de la Huchette
- de Sac a Lye (*Zacharie*)
- Saint Seuerin.
- de la Parcheminerie
- du Bourg de Brye (*Boutebrie*)
- du Foin
- du Palais au Terme
- de Cerbonne (*Sorbonne*)
- des Porées

La Grant rue Saint Jaques
La rue de la Bretonnerie
- aux Cordeliers (*Cordiers?*)
- Saint Estienne des Grecz
- Saint Victor
- S. Nicolas du Chardonneret (*sic*)
- de Bièure

Le Portail Saint Bernard
La rue des Bernardins
La place Maubert
La Croix Hemon
La rue des Carmes
- du Clos Bruneau (*partie de la suivante*)
- Saint Jean de Beauuois

4

La rue des Noyers
— des Anglois
— Saint Jehan de Latran
— de la Gallande
— des Lauendières
— du Feurre (*du Fouarre*)
— Judas
— des deux Portes
— de la Bucherie
— Pauée d'Andoulles (*Pavée S.-An-dré*)
— du Bon Puys
— Raisin (*du Paon S. Victor ?*)
— du Franc Murier
— d'Arras
Le champ Gaillard (*Rue Clopin*)
La rue Saint Julien le Poure
Le carrefour Saint Seuerin

S'ensuyvent les noms des églises de Paris. Et premier de celles de la Cité.

La grant eglise de Nostre Dame
Saint Jehan le Ront
Le grant Hostel Dieu de Paris

Saint Christofle

Sa Saincte Chappelle Royalle

La chappelle qui est dessoubz la Sainte
Chappelle

La Chappelle Saint Michel

Saint Pierre aux Beufz

Saincte Marine

Saint Denis du Pas

La Chappelle Monsieur de Paris (*celle
de l'évêché*)

Saint Aignen

Saint Lendry

La Chappelle des Notaires (1)

La Magdaleine

Saint Denis de la Chartre

La Chappelle Saint Simphorien

Saincte Croix en la Vieille Drapperie

Saint Marcial

Saint Pierre des Assis (*Arcis*)

Saint Germain le Vieil

Saint Berthelemy

La chappelle Nostre Dame des Voultes

---

(1) Je ne connais qu'une chapelle de ce nom : celle,
dite aussi de St-Didier, au Grand-Châtelet.

(attenante au chevet de la précé-
dente)
Saint Eloy
Sainte Geneuiefue des Ardens
La Chappelle des Dix huyt Clercz

Le quartier de l'Université

La Chappelle de Beauuois
Saint Julien le Poure
Saint Blaise
Les Mathurins
Saint Yues
La Chappelle de Cerbonne
La Chappelle de Clugny *(il s'agit de*
celle du Collége de ce nom)
Les Carmes
Saint Hylaire
Saint Jehan de Latran
Saint Benoist
La Chappelle de l'Aue Maria
La Chappelle de Nauarre
Saint Fremin du Cardinal Le Moyne
Saint Nicolas du Chardonneret
La Chappelle des Bons Enfans

La Chappelle Mignon

l'Eglise des Augustins

La Chappelle d'Austun

Saint André des Ars

La Chappelle de Presles

  — du colléige de Tours

  — des Dormans.

Saint Séuerin

Saint Simphorien le Petit

Saint Cosme et Saint Damien

Les Cordeliers

Les Jacobins

Saint Estienne des Grecz

Saincte Geneuiefue la grande, laquelle église fut iadis édifiée en l'honneur des deux apostres Saint Pierre et Saint Pol. Et y est enterré le premier roy de France crestien, nommé Clouis

Saint Estienne de la paroisse qui est ioingnant icelle

Le quartier des Halles et de la porte Baudetz

Saint Geruais

L'Ospital Saint Geruais

Les Célestins

Saint Pol

Saincte Katherine du Val des Escoliers

Saint Anthoine le petit

Saint Jehan en Grèue

La Chappelle Estienne Haudry religieuses

Les Béguines religieuses

La chappelle du Sainct Esperit

La chappelle Bracque

Sainte Croix en la Bretonnerie

L'Eglise des Billettes

Saint Guillaume des Blans-mantaulx

Saint Marry

Saint Magloire

Saint Josse

Saint Bon

Saint Julien le Menestrier

Saint Nicolas des Champs

L'Eglise du Temple

Saincte Katherine de l'Ospital

Saincte Oportune

Saint Innocent

Saint Jacques de l'Ospital

L'Eglise du Sépulchre

Saint Leu Saint Gilles

Saint Germain l'Auxerrois

L'Eglise de la Trinité

Saint Sauueur

La Chappelle des Filles Dieu, où il y a des religieuses qui donnent aux malfaicteurs la croix à baiser, l'eaue béniste, pain et vin bénis, dont ilz mengent trois morceaulx quant on les maine pendre ou ardoir à la Justice (1).

L'Eglise de Saincte Marie l'Egyptienne, où il y a Recluses

Saint Nicolas du Louure

Saint Thomas du Louure

L'Eglise des Quinze Vingtz aueugles que le Roy saint Loys fonda en l'honneur de Saint Remy

Saint Honoré

L'Eglise des Filles repenties religieuses

Saint Eustace

---

(1) Dans les listes de rues à la suite des *Antiquitez de Corroʒet*, on lit, à propos des *Filles-Dieu*, ces mêmes détails, puisés sans doute à la même source.

La Chappelle de Monsieur de Bourbon
La Chappelle des Orfeures
La Chappelle de la Monnoye
Saint Liefroy
Saint Jaques de la Boucherie

**Sensuit la Despence de Paris du plus nécessaire
qui se fait par chacun iour, au plus près du vray.**

Et premièrement

Deux cens bœufs le iour du moins.

Item — Mille moutons le iour

Item — Six cens veaulx

Item — Huyt cens sexante muys de vin le iour, sans les bieres, ceruoises et cydres

Item — Trois cens muys de blé et fault à chacun muy douze septiers

Item — Il fault au septier de blé mesure de Paris, vingt neuf millions sept cens quatre vingtz douze mille grains du moins, tant puissent estre le soitz (*les susditz*) grains gros

Item — Il y a à l'enclos des murs de Paris quatre cens sexante et douze mille mesnagiers et plus, sans les prebtres, escoliers, et autres extrauagans (*étrangers non domiciliés à Paris ?*), qui sont sans nombre

5

Car cecy fut nombré du temps du Roy Charles sixiesme de ce nom (1). Et furent les escoliers nombrez iusques à trente mille

Item — Il fault en Paris en chapeaulx de fleurs, boucquetz et mays vers, pour nopces, confraries, enfans baptiser, ymages d'églises, audiences de Parlement, chambre des comptes, la Chancellerie, les Generaulx des Aydes, requestes du palays, le trésor de Chastellet, et autres iurisdictions estans enclos dedans Paris, Comme pour les festes et banquetz qui se font en l'uniuersité en faisant les graduez et autrement, chacun an pour quinze mille escus d'or du moins.

Item — En offrande de chandelle de cyre pour bouter deuant maistre Pierre du Quignet pour an à deux cens frans du moins (2)

---

(1) Il semble résulter de ce passage que l'auteur s'aidait d'un manuscrit du 15e siècle. L'ensemble de cet opuscule paraît, en effet, appartenir à cette époque.

(2) En 1329, Pierre de Cugnières, (de Cuneriis), avocat au Parlement, défendit les droits de l'autorité royale, contre les prétentions du clergé. Voici comment le clergé de Notre-Dame se vengea. Il existait en un coin du chœur de la cathédrale une tête grotes-

Item — Il y a à Paris cinq ou six mille belles filles, sans celles des faulxbourgz

Item — En saulce verd, cameline, moustarde et vinaigre, pour douze cens frans par an

Item — L'on dit plus de messes et bienffais dedans Paris que l'on ne faict depuis hors des murs de Paris iusques à Rome. Ainsi que a presché Maistre Jean Barthelemy, docteur en théologie, et homme de très déuote renommée

Item — Et pource qu'aucuns dient que en ceste despence n'est point faicte mention des iours maisgres que l'en mengue marée

Responce

Il y a de marée à Paris tant fresche que salée et puante et des macquereaulx frais et

---

que, sculptée en pierre, nommée *du Coingnet*, contre laquelle on éteignait les cierges ; on l'appela dès lors *du Cuignet*. Du Breul en parle ainsi en 1612, époque où le chœur de l'église était séparé de la nef par un jubé : « On l'a comparé, (l'avocat en question), et donné le nom à vne petite et laide figure, qui est à vn coing du Iubé de l'église, du costé de Midy, au dessoubs de la figure d'Enfer. » La cathédrale de Sens offre aussi une petite tête grotesque qui porte ce même nom. Elle est sculptée sur un des piliers de la nef, près de l'entrée, à gauche.

sallez, des grans rayes et petites tant fresches
que puantes tant que plusieurs s'assient dessus, car il en arriue tant chacun iour, qu'il
est impossible de la scauoir, car c'est ung
monde de (*que*) Paris

    Dedans la cité de Paris
    Y a des rues trente et six
    Et au quartier de Hurepois
    En y a quatre vingtz et trois
    Et au quartier de Saint Denis
    Trois cents il ne s'en fault que six
    Comptez les bien tout à vostre aise
    Quatre cens y en a et treze (1)

    Pour sauoir le long de Paris
    Là où iay mainteffois esté
    Je vous en diray mon aduis
    Tant que suis en bonne santé

---

(1) L'auteur n'en nomme dans sa liste que 263 ;
encore y comprend-il les ponts, qui étaient en effet
des rues, et les places. On remarquera que ce récit
versifié rappelle un peu, quoiqu'en style plus moderne,
le dit des rues de Paris, de Guillot.

Je l'ay fait par ioyeuseté
Par manière de passer temps
Comme après sera recité
Au vray ainsi que ie l'entens

Je partis ung iour pour dix plaques (1)
En esté qu'il estoit matin
Dessoubz la porte Saint Jaques
Après que i'euz beu ung tatin
Jusques à la porte Saint Martin
A par moy comptay en ung tas
Quatre mille cinq cens pour fin
Avec douze de mes pas

Puis m'en allay à Saint Germain
Où est assise la Tour de Nesle
Où rencontre à mon chemin
Une très belle damoiselle
Je croy bien qu'elle estoit pucelle (2)
J'auoye de la veoir grant plaisir

---

(1) Je ne puis expliquer le mot *plaque* ni le mot *tatin*, qu'on trouve trois vers plus bas.

(2) Ce passage surtout a de l'analogie avec l'opuscule rimé de Guillot.

Et là trouuay pas ne le celle
Quatre mille neuf cens *(pas)* sans faillir

Le iour que ay deuuant deuisé
Fus iusques à la tour Saint Bernard
Quant i'euz bien autour deuisé
Lendemain ie pris l'autre part
Ou ie comptay fust tost au *(ou)* tard
Seulement puis la tour du Bois(1)
Tirant à la tour de Billy
Où ie trouuay pour une fois
Six mille neuf cens, point ne failly

Le lendemain en voye me mis
Et m'en allay faire le tour
Du bois de Vincennes, et puis
Je y mis bien la moytié d'un iour
Car ie comptai la sans sejour
Des pas huyt mille neuf cens

---

(1) La tour du Bois, où mieux : du Chastel de Bois,
dite aussi Tour Neuve, s'élevait près de l'endroit où
s'ouvrent les guichets de la galerie du Louvre, et formait la tête occidentale du rempart de Charles V.
La tour Billy était située vers l'endroit où la gare
de l'Arsenal débouche dans la Seine.

L'en (*l'on*) eust tandis bien fait ung four (2)
Tesmoings ceux qui estoient présens

Puis m'en allay certainement
Au Dognon (*donjon*) prendre l'Epytaphe
Nonobstant que las fusse forment (*forte-*
Si en escriuis ce paraphe   [*ment ?*)

L'épytaphe de la grosse tour du bois de Vincennes

Qui bien considère cest œuure
Comme elle se monstre et descueuure
Il peust bien dire qu'oncques tour
N'eust guères de plus bel atour
Que celle du bois de Vincennes
Sur tours vieilles et anciennes
A le pris pour scauoir en ça
Qui la parfist et commença

---

(2) C'est-à-dire : Pendant ce temps, on eut pu faire cuire une fournée (?) Il cheminait fort lentement ou s'arrêtait souvent pour admirer de *belles damoiselles*.

Premièrement Philippe li Roys
Fils de Charles conte de Valoys
Qui en prouesse abonda
Jusques sur terre la fonda
Pour se soulasser et esbatre
Mil trois cens et vingt et quatre
Après vingt et quatre ans passez
Et qu'il estoit ià trespassez
Le roy Jehan son filz cest ouurage
Fist leuer iusques au tiers estage
Dedans trois ans par mort cessa
Mais son filz le roy Charles laissa
Qui parfist en brefues saisons
Corps pour vray, fossés, maisons
Il nasquit au lieu délectable
Pour ce l'auoit plus agréable
De la fille au roy de Behayne *(Bohême)*
Il eut pour espouse et compaigne
Jehanne fille au Duc de Bourbon
Pour en toute valeur bon
De qui il eut noble lignée
Charles le Daulphin et Marie
Maistre Philippe Augier (1) tesmoigne

---

(1) Ce nom serait-il celui de l'auteur du manuscrit
dont ce livre est une copie ?

Tout le fait de cette besongne
Lequel à Jesu crist supplie
Qu'en ce monde bien multiplie
Le nom des nobles fleurs de Lys
Et enfin leur doint Paradis

Amen

C'est ce que la tour cousta à faire

Dix et sept cens mille frans
Quatorze solz deux deniers tournois
Cousta la grosse tour du bois

La longueur largeur et haulteur de la grant Eglise de Paris

La grant eglise de Paris a de long dedans oeuure sexante cinq toises

Item — de large vingt et quatre toises

Item — Elle a de hault dedans oeuure dix et sept toises

Item — Les tours ont de hault trente quatre oises. Et le tout fondé sur pilotis (1)

---

(1) Assertion reconnue fausse, à diverses époques, notamment en 1847, année où l'on fouilla profondé-

Recepte pour guérir d'épydimie
Mais que l'on ny croye mye

Deux Bourguignons de conscience
Et deux Bretons de sapience
Sans ordure deux Alemans
Sans flaterie deux Normans
Auec deux hardis Lombars
Et sans bauerie deux Picards
Et puis sans orgueil deux Francoys
Et sans trahyson deux Anglois
Deux Flamens sans beurre menger
Et en boire ung pot sans tarder
Et pour mettre la chose à fin
Deux Preudhommes de Lymosin
Broyez en ung mortier d'estoupes
Et trempez dedans voz soupes
Si aurez bonne galimafrée
Oncques telle ne fut trouuée
Pour deffendre l'épydimie

---

ment le sol autour de N.-Dame. La suite de cette ver-
sification offre des hors-d'œuvre fort naïfs et dont le
texte est fondé sur d'anciens dictons populaires.

C'il est vray, nul ny contredye (1)

Dedans Paris a une chose
Qui au meilleu est enclose
Qu'on ne sçauroit de Paris traire
Qui ne vouldroit Paris deffaire

R

Ung homme qui oncques ne fut (*qui
n'eut jamais son pareil ?*)
Alla, parla, menga et beut
Et si eut femme et enfans
Allans parlans buuans mengeans
Et neut oncques pere ne mere
Pensez comme il se peult faire

Mada

Ung tel enfant a eu ma mere
Qui nest son fils ne n'est mon frere

---

(1) Ce passage exprime assez finement les reproches adressés à divers pays. L'auteur exige : 2 Bourguignons consciencieux, 2 Bretons sages, 2 Allemands propres, 2 Picards discrets, etc.; autrement dit (dans les idées de l'auteur), des choses introuvables ; d'où il donne à entendre : qu'il n'est pas de remède contre l'épidémie.

Et si la engendré mon père

C. C. X iii

Deux fers d'asnes treze pieds sus
Les rues notent ce c'est dedans Paris
Et moitié moins d'églises et chappelles
Vray croissent et demy sa valour
Monstrent quans (*combien de*) beufz fault à
[Paris le iour

De quans moutons scauoir tu veulx
Prens deux chiens les piedz et deux
Tous vallent cent

De mille prens la moytié moins
L sur X après conioins
A Paris sçauras sans declin
Quans muys fault chacun iour de vin
Autant de muys iour lui preste
Comme q.q.q. valent en teste
Trois croix quatre piedz et deux X.X
Du portail Marie de Paris
Nombrent les marchans à tous ceulx
Qui les marchent par vrays deuis (1)

---

(1) De cette suite d'énigmes, j'en ai deviné trois
seulement. — Quelle est la chose qu'on ne saurait
soustraire du milieu de Paris sans le détruire ? C'est

Le blason de Paris

Paisible demaine (*domaine*)
Amoureux vergier
Repos sans dangier
Justice certaine
Science haultaine
C'est Paris entier

---

la lettre R (paRis). — Le mot énigmatique *mada* est l'anagramme du mot *Adam*. — Si tu veux savoir combien de moutons consomme la ville en un jour : *prends les pieds de 2 chiens,* cela fait *huit* pattes ; ajoute *deux*, cela fait dix *unités*, dont *chacune vaut cent*. Le tout forme le nombre *mille*. C'est celui précisément qu'il signale plus haut (page 33).

Je n'ai pu deviner les autres malices. Ces énigmes en vers donnent une idée des grossières finesses de nos bons aïeux.

Les crys d'aucunes marchandises que l'on crye dedans Paris (1).

A Paris tout au plus matin
L'on crie du lait pour les nourrisses
Subuenir sans quelque auertin (*vertige*)
Et enfans nourrir sans obices (*obstacles*)
    Après ung tas de chacieux
S'en vont cryant parmy Paris
Les vielz souliers, tournant les yeulx
Dont souuent se font plusieurs ris
    Soit en destour ou en embuche
On va cryant semblablement
A ieun ou yure, buche buche
Pour se chauffer certainement
    Puis vous orrez (*entendrez*) à haulte voix
Par ces rues matin et soir

---

(1) Ces vers, qui suivent, à quelques mots près, sont faciles à comprendre à quiconque est initié au vieux langage français. Nous avons expliqué quelques-uns de ces mots.

Charbon charbon de ieune bois
Très fort cryer pour dire voir
    Après orrez sans nulz arrestz
Parmy Paris plusieurs gens
Portans et cryans les costretz
Où ilz gangnent de l'argent
    Puis vous orrez sans demourée
Parmy Paris à l'estourdy
Fort cryer bourrée bourrée
Pour verité cela vous dy
    Puis ung tas de frians museaulx
Parmy Paris cryer orrez
Le iour pastés chaulx pastés chaulx
Dont bien souvent n'en mengerez
    Puis après sans villennie
Parmy Paris cryer on oit
Pour bon fromage, Brye Brye
Tout chacun cela congnoist
    Puis courroucé ou tout allègre
Parmy Paris on va cryant
Tant comme on peult, bon vin aigre
Dont qui en veult si vient auant
    Après par sens ou follye
A Paris l'on crye très hault
Jeunes ou Vieulx, Lye Lye

Ausquelz elle proffite et vault
　Sans vous musser ne cacher *(verbes synon.*
Cryer orrez sans nul faintise
A Paris vieulx fer et acier
Ce qu'on ne fait pas à Venise
　Cryer orrez tout à deux saulx
Parmy Paris et de plain vol
Le vieil fer et les vieux drappeaulx
A quelqun le bissac au col
　Puis orrez cryer sans qu'il tarde
Parmy Paris en plusieurs lieux
Pour chose certaine, moustarde
Qui à maint fait pleurer les yeulx
　Conséquemment par entrefaictes
A gens de diuerses manières
Orrez crier les alumettes
Auquel mestier ne gangnent guères
　Après orrez un Loricart
Qui est plus orgueilleux qu'un pet
Cryant deux manequins pour ung liart
Qui ne valent pas ung nicquet *(double tour-*
　Puis se vous auez appétit 　　　[*nois*)
D'entendre crier ung chacun
Tantost orrez gangne petit 　　　[*dre*)
Dont suis suppost sans nul desrun *(desor-*

Après orrez sans long espace
De ce fault que murmurion
Espingles crier sans fallace
A ung tournois le carteron
 Et se cryer vous entendez
Parmy Paris trestous les cris
Cryer orrez les eschauldez
Qui sont au beurre et oeufz pétris
 Aussi on crye les tartellettes
A Paris pour enfans gastez
Lesquelz s'en vont en ces ruettes
Pour les menger ia n'en doubtez
 On crye sans quelques obices
De cela ne fault point doubter
Le pain qui est pétri d'espices
Qui fleumes (*humeurs*) fait dehors bouter
 A Paris on crye mainteffois
Voire de gens de plat pays
Houssouers emmenchez de bois
Lesquelz ne sont pas de grant pris
 Puis vous verrez ung bonhommeau
Qui fait merueilles d'entreprendre
Qui va iusques à Saint Marceau
Touiours cryant casses (*noix*) à vendre
 Après toutes les matinées

7

Vous orrez ces villagois
Qui vont pour couurir les buées (*lessive*)
Criant : couuertois couuertois
   Puis verrez parmy les rues
Sur cheuaulx a longues oreilles
Paniers plains d'herbes et de laictues
Et filles criant la belle ozeille
   Puis verrez les Pigmontois
A peine saillis de l'escaille
Criant ramonnade hault et bas
Vos cheminées, sans escalle (*échelle*)
   D'autres cris on fait plusieurs
Qui longs seroient a réciter
L'on crie vin nouueau et vieulx
Duquel l'on donne a taster

EXPLICIT

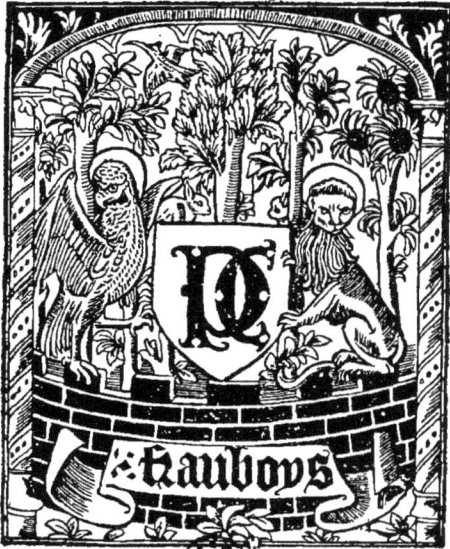

Raubovs

FÊTE
DONNÉE A LA BASTILLE
EN DÉCEMBRE 1518

INTRODUCTION

CONSIDÉRATIONS HISTORIQUES

Le 22 décembre 1518 la cour de la Bastille, transformée en salle de bal et de banquet, fut témoin d'une fête splendide donnée à quatre ambassadeurs envoyés par Henri VIII, roi d'Angleterre, à la Cour de France. Le but de leur mission était de conclure avec François Ier un traité d'alliance contre les entreprises ambitieuses de l'empereur d'Allemagne Maximilien Ier.

Ce traité devait être cimenté par des fiançailles entre deux enfants de sang royal : François, Dauphin de France (premier né de Claude de Bretagne), qui avait à peine dix mois, et Marie d'Angleterre, fille unique de Henri VIII, âgée de moins de trois ans.

L'envoi de ces ambassadeurs, selon le président Hénault, ainsi que la cérémonie des fiançailles, furent décidés par l'entremise du ministre anglais De Wolsey, cardinal d'York, créature de Henri VIII, qui l'avait élevé de la plus humble condition aux plus hautes dignités. Le cardinal, dévoué d'abord au prince qui devait devenir Charles-Quint, embrassa en 1518 les intérêts du roi de France, qu'il abandonna, quatre ans plus tard, pour rentrer dans le parti du nouvel empereur d'Allemagne Charles-Quint. En 1522, De Wolsey conclut avec Charles, âgé de 22 ans, au palais de Windsor, un traité dont un des articles portait que l'empereur épouserait en temps et lieu cette même Marie, fille du roi d'Angleterre, laquelle avait alors six ans, projet qui ne se réalisa pas. Quant au Dauphin de France, il mourut à Lyon le 12 août 1536, empoisonné par une préparation arsenicale.

Revenons aux fiançailles de 1518. La célé-

bration de ces fiançailles fut, à ce qu'il paraît,
regardée comme un accessoire secondaire du
traité, car plusieurs mémoires contemporains,
qui parlent de la réception des ambassadeurs,
ne citent même pas ce projet d'alliance politique ; mais l'opuscule qui va nous fournir
le récit de la fête du 22 décembre avance que
cette fête fut donnée « à *perpétuel* et permanent félicité de mariage entre le Dauphin
et Marie d'Angleterre. »

Les *Mémoires* de Fleurange (collection Mi-
chaud et Poujoulat, t. V) signalent, sans indi-
cation de date, l'arrivée à Paris des quatre
ambassadeurs qu'ils nomment : milort *Cam-
bretan*, milort *Marquis*, maistre *Boullent* et
le *gouverneur de Ghines* (Guines, près Calais,
alors possession anglaise). On n'y trouve que
cette phrase au sujet de la fête de la Bastille :
« Le Roy fist tendre toute la cour de la Bastille, dessus, dessous, de tous costés ; et là fut
faict le plus beau festin que *je vis* iamais. »

Le *Journal d'un bourgeois de Paris sous
François Ier,* publié par M. Ludovic Lalanne,
offre des détails plus précis. Les quatre légats,
qu'il ne nomme pas, ayant à leur tête le capitaine de Guynes, grand commandeur d'Angleterre, arrivèrent à Paris le vendredi 10 décembre. Le dimanche suivant, le roi les reçut
au Palais, en la grande salle Saint-Louis,

celle probablement nommée la *chambre dorée,*
que Louis XII avait fait richement décorer
en 1506 (1). Le mardi 14, le roi leur donna
rendez-vous à Notre-Dame, où fut prononcé
le serment d'alliance ; puis, à la sortie de la
cathédrale, il les reçut dans la grande salle de
l'Evêché où était préparé un splendide festin.
Enfin le 22 il les invita à un nouveau banquet,
celui qui va être décrit : « — Le Roy leur refit
« son bancquet au lieu de la Bastille le mer-
« credy vingt-deuxiesme iour de décembre
« ensuyuant, qui fut la chose la plus solem-
« nelle et magnifique qu'on vit iamays ; car
« premièrement la dicte Bastille estoit toute
« tendue par terre de draps de layne à la
« livrée du Roy, assçauoir : blanc tanné et noir;
« et le hault à troys estaiges où il y auoit tant
« de luminaires, de torches de cyre ardantes
« qu'il sembloit qu'il fust iour clair ; car on es-
« timoit plus de douze cens torches. Et fut ce
« bancquet faict de nuit à torches ardantes.

---

(1) Les comptes de la Prévôté, fin de l'an 1518
(Sauval, t. III, p. 603) mentionnent une « visite faite
« par un maçon et un charpentier, en la salle Saint-
« Louis, au Palais, pour visiter les planchers de
« ladite salle et les lieux convenables pour y asseoir
« les eschafaux, pour la venue de l'ambassade d'An-
« gleterre. »

« Briefuement, on ne sçauroit exposer le
« triumphe faict tant en viandes que en pare-
« mentz. *Item,* la dicte Bastille estoit tendue,
« tant à la court que aultres lieux ; et y auoit,
« à la court, du lyerre et *assiettes,* et dura ce
« bancquet iusques a passé mynuict. Puys il
« y eut moresques d'hommes et femmes, ha-
« billez tout de drap d'or et d'argent ; en après
« y vindrent des masques habillez en hommes
« et femmes qui dansèrent. »

Sauval (t. II, p. 89) donne sur cette fête
quelques détails empruntés au même *Journal,*
comme il le dit lui-même, mais il ne le cite
pas textuellement.

Mentionnons maintenant des extraits de re-
gistres contemporains de la Ville, copiés au
XVIIIe siècle sur les originaux (1). L'orthographe du temps a évidemment été rectifiée
par le copiste. On y lit, pages 137 et 138 :
« Dépense de 1,117 livres, 8 sols, 8 deniers,
« à cause de la venue des ambassadeurs d'An-
« gleterre le vendredi 10 déc. 1518... pour
« présents faits à ces ambassadeurs. — A
« M. de *Sombresset* (Sommerset, que les
« *Mémoires de Fleurange* nomment Cam-
« bretan), grand chambellan du roi d'Angle-

---

(1) Manuscrit de la Bibliot. de l'Arsenal. intitulé :
Recueil sur Paris. Histoire de France, n° 326 bis.

« terre, chef et premier ambassadeur, arrivé
« le 10 décembre et fut loger en l'hotel de
« madame de Versigny. — M. *Levesque-*
« *Deilly* (l'évêque d'Ely), deuxième ambas-
« sadeur, logé en l'hotel de M. de *Posithos.*
« — M. le grand prieur d'Angleterre, troi-
« sième ambassadeur, logé en l'hôtel de
« M. Bouchard. — Le capitaine des Guines,
« quatrième ambassadeur, logé en lhôtel de
« Mlle du Chastel. »

Plusieurs de ces noms propres ont probablement été mal lus par le copiste ; en tout cas
ils ne s'accordent pas avec ceux indiqués dans
les *Mémoires* de Fleurange.

Continuons : mais il s'agit ici de fêtes pos-
térieures au festin de la Bastille : « En la rue
« St-Antoine fut fait lisses, contrelisses et
« arrière lisses, eschafaulx, barrières et mon-
« touers (montoirs) comme elles estoient à
« l'entrée de la reine Anne. »

« Diner des quatre ambassadeurs à l'hôtel
« de ville (maison aux piliers) le mardi 11 jan-
« vier, avec les dépenses faictes, les frais de
« musique, etc. — Pour éclairage de la vieille
« rue du Temple, où logèrent ces ambas-
« sadeurs du 10 décembre au 14 janvier. »

« L'amiral d'Angleterre, ambassadeur en
« France, arriva le lundi 18 février et logea à
« l'enseigne de l'Escu d'Orléans, rue de la

« Calande, et y séiourna jusqu'au 24. »

Il n'est pas question dans le manuscrit de l'Arsenal de la fête de la Bastille : c'est parce qu'elle eut lieu sans aucun doute aux frais du Trésor royal.

A propos de la réception des ambassadeurs au Palais du Parlement (dit plus tard : de Justice), l'auteur anonyme du *Journal* cité ci-dessus avance que « le Roy estoit venu de son « logis des Tournelles deux iours deuant loger « au palays pour y recepuoir les ditz ambas-« sadeurs. » Ce passage atteste que la résidence habituelle du roi à Paris, quand il arrivait du château d'Amboise, était l'hôtel des Tournelles, bien que le séjour en fût peu agréable, l'été surtout, à cause des exhalaisons fétides d'un égoût découvert qui le bornait à l'ouest (1). Ce fut environ dix ans plus tard qu'il alla s'établir dans le vieux château du Louvre dont il renouvela la face occidentale.

---

(1) La rue de l'Egoût Ste-Catherine (aujourd'hui prolongation de celle de Turenne, ci-devant St-Louis), nous a conservé un souvenir de cet égoût. Avant 1830 on y voyait encore quelques vestiges de son canal non voûté. Selon Sauval, t. III, p. 601, en février 1518 (1519), Louise de Savoie, mère du roi, se trouvant malade au palais des Tournelles, « à cause de l'humidité et de la proximité des égoûts », alla demeurer dans la maison dite des Tuilleries.

Le palais des Tournelles ne renfermant sans
doute aucune salle assez vaste pour une fête si
solennelle, on dut choisir une autre localité.
La grande salle gothique du Palais était peut-
être en réparation, ou plutôt il est à croire
qu'on songea à la Bastille uniquement à cause
de sa proximité du palais qu'habitait le roi.
Or, comme cette forteresse n'offrait que des
salles voûtées très peu spacieuses, reliées par
d'étroits corridors, on choisit la cour même de
l'édifice. Je ne crois pas qu'avant cette époque
on ait à Paris conçu et exécuté un pareil
projet (2). La Bastille était alors à peu près
sans emploi. Elle avait servi de résidence
passagère au soupçonneux roi Louis XI, et
depuis, de temps à autres, de prison réservée
à des criminels de haut rang, car les grands
personnages qui avaient le privilége exclusif
d'élever des tours dans leurs domaines ne
pouvaient également être détenus que dans
des tours.

La cour de la Bastille n'était pas, comme
elle le fut par la suite, divisée en deux com-
partiments inégaux par un corps de logis destiné au gouverneur. Son plan offrait alors

---

(2) Le 10 août 1570 un banquet eut lieu dans la
cour de l'Hôtel de Ville (Sauval, III, p. 633). Sous
Louis XV on convertit cette cour en salle de bal.

un quadrilatère irrégulier dont les lignes
étaient çà et là rompues par des saillies ou des
retraits de murailles. Elle avait en moyenne
environ 60 mètres de long sur 22 de large.
Les bâtiments peu profonds qui l'entouraient
des quatre côtés, de niveau avec la plate-forme
des tours, avaient environ 26 mètres de hauteur ; mais, du côté des fossés, les tours, ainsi
que les bâtiments qui les reliaient, se prolon-
geaient en talus d'environ six mètres plus
bas que le niveau de la cour. La principale
façade de la Bastille regardait le faubourg
St-Antoine ou, à peu près, l'orient d'hiver.
Elle se composait de quatre tours de front dont
les deux du milieu avançaient un peu en saillie
sur celles d'encoignure auxquelles elles se reliaient par des murs obliques. Sous Charles V
la principale entrée s'ouvrait entre ces deux
tours, qui devaient fortifier la nouvelle porte
St-Antoine. Plus tard cette entrée fut trans-
portée entre les deux tours du sud regardant
la Seine. En 1789 on voyait encore, au milieu
de la façade, entre les deux tours en saillie,
la baie ogivale primitive (destinée à servir de.
porte de ville), surmontée de cinq statues des-
sinées dans les *Antiquités Nationales* de
Millin. Une des arches de pierre du pont dormant subsistait encore dans le fossé.

Où s'ouvrait en 1518 la porte principale de

la Bastille ? Si l'on consulte les plans de Paris
en élévation qui se rapprochent de cette époque et aussi les plans en relief de cet édifice
exécutés en 1789, on remarque des traces d'em-
brasures pour les flèches d'un pont-levis sur
les quatre faces. Sur le plan de Paris de
Georges Braun, gravé vers 1570 et représen-
tant cette ville vers 1530, on n'aperçoit de ponts
ni du côté du nord, ni du côté de l'occident ou
de la rue S. Antoine. La façade qui regarde le
faubourg, vu l'orientation du plan, ne se voit
pas, mais la face du sud, celle qui regarde la
Seine, offre un pont ; c'était évidemment en
1518, l'entrée ou du moins une des entrées,
supposé que celle de l'orient subsistât encore.
J'incline à croire qu'il n'existait alors que celle
du sud. Or il fallait, pour s'en approcher,
passer, comme encore en 1789, sous une première porte ouvrant rue S. Antoine, et longer
une allée parallèle au fossé occidental ; puis,
l'allée, faisant un retour d'équerre sur la gauche, conduisait à une cour où se trouvait l'entrée d'un pont dormant en pierre suivi d'un
pont-levis introduisant à la Bastille. A la page
6 de l'opuscule que nous réimprimons, on lit
« les entrées dedans sont du costé du septentrion ». L'auteur veut dire que la première
porte à franchir pour arriver devant l'entrée principale, s'ouvrait rue St Antoine,

c'est-à-dire du côté du nord. (1) Nous donnerons à ce sujet des éclaircissements dans les
notes de renvoi imprimées à la suite du texte
original.

CONSIDÉRATIONS BIBLIOGRAPHIQUES

L'opuscule en français que nous allons re-
produire avec exactitude a-t-il été déjà réimprimé de nos jours dans un recueil de pièces ?
Nous l'ignorons.

Nous avons publié en 1856, une analyse de
ce petit monument historique, dans le journal

---

(1) En 1789, cette porte (rebâtie sous Louis XIV) se
nommait l'entrée du petit arsenal. L'allée était bordée de maisons basses adossées au parapet du fossé et
occupées par des boutiques. Au bout, en tournant à
gauche, on rencontrait un étroit fossé ; puis au delà
du fossé une seconde porte, munie d'un pont-levis et
introduisant dans la cour où se trouvait le pont
conduisant directement à la Bastille. Sous François Ier, cette seconde porte n'existait pas.

Le Pays, du 4 avril sous ce titre (alors de circonstance : *L'alliance anglo-francaise de 1518*.

L'exemplaire, d'une conservation satisfaisante, que nous possédons de cet opuscule, en caractères gothiques, provient de la vente Soleine, n° 108 du catalogue, vente du 5 novembre 1844. Il se compose de dix feuillets ou vingt pages sans numérotage, dont dix-sept pleines. Un autre exemplaire (qu'on n'a pu retrouver) existait à la bibliothèque Mazarine; il était incorporé à un recueil de pièces de la même époque, coté 10295.

Brunet, édit. 1860-1865 au mot *Rince*, cite le titre tel qu'il sera reproduit ici. Il nous apprend ensuite que ce livre fut vendu 2 francs à la vente Méon, 70 francs à la vente de la librairie De Bure, enfin 52 francs à la vente Soleine (notre exemplaire). Il ajoute qu'il a été réimprimé (en français) en 4 ff. in-4° gothique, édition portant la marque de Jehan Richard (de Rouen). Il cite ensuite l'édition latine dont nous allons parler. Enfin il mentionne un opuscule en latin du même auteur, relatif aux fiançailles intitulé : *Bernardi Rincii. Epithalamion, seu oratio in nuptiis Francisci, Galliarum Delphini et Mariæ Britannorum regis filiæ*, livre imprimé à Paris par Jean Gourmont, et daté :

die decimo decembris M.D.XVIII, in-4° de
12 ff., non chiffrés, lettres rondes.

Je n'ai jamais rencontré l'édition française
de Jehan Richard ni la pièce intitulée *Epithalamion*. La bibliothèque Nationale possédait
cette dernière sur son catalogue, mais pas sur
ses rayons. A celle Mazarine (numéro ci-dessus
cité) on voyait, annexé à l'édition française, un
exemplaire du texte latin. Cette édition latine
fut exécutée probablement à l'usage des Anglais, Italiens, et autres étrangers que cette fête
intéressait. Est-elle antérieure ou postérieure
à celle francaise ? Nous examinerons plus loin
cette question.

J'ai lu avec le plus grand soin l'ouvrage
latin, parce qu'il m'a paru propre à éclaircir
certains passages fort obscurs du texte français. En voici le titre où ne figure pas le nom
de la Bastille : « Sylva Bernardi Rincij
Physici Mediolanensis Adparatum, Ludos,
Conuuium breuiter dilucideque explicans. »
Au bas du titre on lit : Venit in ædibus
Johannis Gormontij cum priuilegio. Ce petit
in-4° en caractères ronds, sauf quelques mots
en gothique, se compose de 8 feuillets ou 16
pages, le titre compris. Au revers du titre sont
17 petits vers latins de mesure iambique
adressés au lecteur par *Jo. Angelus Bollanus
mediolanencis*. Au verso du dernier feuillet et

aussi à la troisième page se lit la date de l'impression : *Impressum Parrhysiis in officina librairia Johannis Gormontij chalcographi. Decimo Ca. Ianuarias, Anno M.D.XVIII.* Ce millésime n'est pas une erreur puisqu'alors on comptait 1518 jusqu'au jour de Pâques de l'année nouvelle qu'en style moderne on nommerait 1519. Au-dessous du titre figurent, comme sur l'édition française, trois blasons juxtaposés surmontés de couronnes. Celui du milieu contient l'Ecu de France. Celui de droite renferme un écu mi-parti de France (une fleur de lys et demie) et de trois lions passants superposés : c'est, je pense, le blason de Marie d'Angleterre, supposée femme du Dauphin. L'écu de gauche est écartelé au 1er et au 4e de France, au 2e et au 3e de cinq hermines rappelant les armes de Claude de Bretagne. Il est à remarquer que sur l'édition française, au lieu de cinq hermines on voit des dauphins (1). Cette différence pourrait peut-être aider à reconnaître si l'édition latine a précédé ou suivi l'édition française que Brunet cite comme la

---

(1) Au verso du titre, une gravure sur bois, représente l'écu royal, surmonté d'une couronne fermée, entouré du collier de l'ordre de S. Michel, et soutenu par deux chérubins. Ce bois est répété au bas de la dernière page.

première. A la fin de la dédicace de l'édition
française est la date du 23 décembre, ce qui
donne à croire que le livre a paru le lendemain
même de la fête, ce qui expliquerait ses nom-
breuses incorrections. Dans la même dédicace
l'auteur annonce qu'il a *faicte latine* ceste *breue*
forest par le commandement du Roy. On n'est
pas plus éclairé. Veut-il dire que l'édition latine a paru ou va paraître ? Dans le préambule
de l'édition latine on lit : « Ne mireris, can-
dide lector, si hoc opus... inemendatum *priùs*
fuerit. » Ce mot *priùs* semble indiquer une
édition antérieure, mais n'explique pas si cette
première édition était en latin ou en français.
Il ajoute : « ... Nunc aut denuò abolitis quibus
anteà (ou antehac) scaturiebat næuis diligen-
ter vindicatum est. Vale. »

L'ouvrage français a l'air, au premier abord,
d'être traduit du latin parce qu'on y rencontre plusieurs latinismes tels que « *puissant*
d'armes, pocillateur (échanson) *discumbant*,
etc., mais notons qu'à cette époque de transi-
tion pour notre langue comme pour nos mo-
numents, on innovait beaucoup de mots calqués
sur la langue latine : Rabelais ne s'en faisait
pas faute. Ensuite il faut rappeler que le milanais Rince ou plutôt Rincio étant italien, très
probablement venu à la suite de Visconti, faisait appel, pour rendre ses idées en français, à

l'ancien idiôme de l'Italie. Du reste il ne se glorifie pas comme écrivain puisqu'à la fin de son récit, le médecin réclame l'indulgence du lecteur pour l'homme de lettres « vous suffise, « car i'ai descript les ieuz oultre la coustume de mes estudes. » En définitive il est difficile de prouver clairement laquelle des deux éditions latine ou française a paru la première. Je crois que c'est celle-ci parce que l'édition latine contient un peu plus de texte. Du reste tout l'intérêt est dans le récit de la fête, la question bibliographique étant pour nous secondaire.

Encore une remarque sur l'édition latine. Au commencement du livre on lit que le roi « Ludos vovit undecimo Ianuarij calendas M.D.XVIII (interprétons encore comme ci-dessus par 1519). » Ces jeux étaient des joutes données en l'honneur des quatre légats avant leur départ.

L'édition française que nous réimprimons est d'un style fort négligé, même pour l'époque, et souvent obscur. Les mêmes mots varient quelquefois dans leur orthographe, il y a des majuscules où il n'en faut pas et *vice versâ*. La ponctuation est tout-à-fait capricieuse et même quelquefois embarrassante ; du reste ces défauts sont un peu ceux de tous les livres de l'époque.

Nous avons cru devoir rectifier la ponctuation, ajouter des accents, et rétablir les lettres remplacées très souvent dans l'original par des signes abréviatifs. En certains endroits sont des espaces blancs qui ont été reproduits.

L'édition française, comme celle latine, est dédiée au chancelier Antoine du Prat, que ses importantes fonctions empêchèrent, nous apprend l'auteur, d'assister à la fête. Au bas du titre on annonce en latin un privilège *très ample*, et on lit au verso du dernier feuillet : « Cavetur ne quis impune attentet hunc libellum imprimere : ut amplissimo patet priuilegio a regia maiestate nobis condonato. » Ce privilège n'est pas imprimé à la fin de l'édition française.

Le titre du livre exige lui-même un commentaire. Ce mot *Forest* (*Sylva* sur le titre latin), se retrouve dans deux ouvrages cités par Brunet : « La Forest et description des anciens philosophes, par Pierre Leber, 1529, in-8°. — La Forêt nuptiale... où est représentée une variété bigarrée... de diuers mariages, 1600. in-12. » Selon le *Dictionnaire latin-français* de Quicherat, le mot *Sylva* signifie *recueil, mélanges, variétés*. Sans cette explication, on aurait pu supposer que le mot *Forest* avait été adopté comme faisant allusion à cette fête hivernale où l'on avait prodigué comme ornements le buis et le lierre. Ce genre de décor était jadis usité, à ce qu'il paraît, pour les fêtes nuptiales. Quand Henri III fit célébrer au Louvre ou au Petit-Bourbon, les noces du duc de Joyeuse, la salle représentait un bosquet figuré sur le frontispice (gravé à l'eau-forte par Jacques Patin), du livre intitulé *Le Ballet comique de la Royne*, par Balthazar de Beauioyeulx, 1582, in-4°.

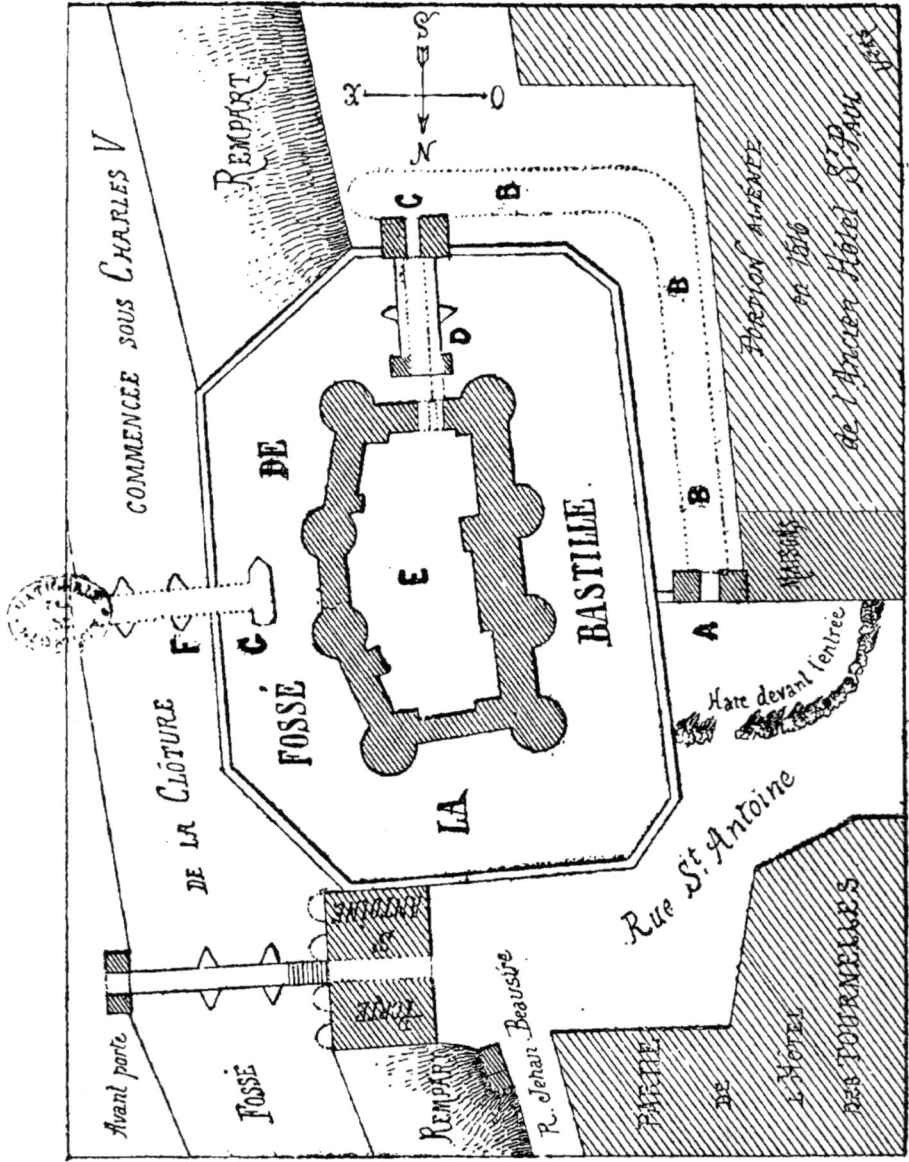

LES ABORDS DE LA BASTILLE EN 1518.

A. — Première porte dite : *de l'yssue du Chasteau*, précédée d'une haie. Cette porte était percée probablement dans un pavillon voûté, à l'endroit où, sous Louis XIV, était la porte dite : du Petit-Arsenal.

B.B.B. — Allée ou passage entre le fossé occidental de la Bastille et le terrain de l'ancien hôtel S. Paul. Ce passage, existant encore en 1789, mais alors bordé de maisons basses le long du fossé, conduisait, en faisant un retour d'équerre vers l'Est, à une place où l'on trouvait, sur la gauche, l'entrée du pont qui introduisait dans la Bastille. En 1518, cette allée fut décorée d'une double haie de buis et de 60 colonnes argentées. (Voir le récit.)

C. — Pavillon de pierre ou simplement pavillon provisoire nommé par l'auteur : *la voulte de la tour*, (sur l'édition latine : *janua vestibuli*.) Au-delà de ce pavillon commençait le pont de pierre ou pont-dormant D suivi d'un pont-levis double, établi devant la grande et la petite baie qui formaient l'entrée de la Bastille, nommée par l'auteur : *l'introïte du chasteau*.

E. — Cour intérieure de la Bastille, convertie en une salle, couverte d'un plafond en toile peinte, que protégeait une sorte de tente de grosse toile en forme de toit à double pente.

F. — Pont (conjectural) traversant le fossé de la ville et celui de la Bastille. Il aboutissait, au moyen d'un pont-levis, entre les deux tours du milieu de la façade orientale, tours en saillie sur celles d'encoignure. Ces deux tours isolées dans l'origine représentaient la porte S. Antoine, mais quand on leur eut adjoint six autres tours, la porte S. Antoine fut rebâtie plus loin vers le Nord. Sur l'emplacement de ce pont, Henri II fit établir un bastion triangulaire, mais la pile de pierre la plus voisine des deux tours en saillie subsista isolée jusqu'en 1789.

NOTA. — La porte S. Antoine figure ici avec une façade décorée de quatre tourelles en encorbellement, alignées de front ; cette forme est révélée par une ancienne estampe du cabinet des estampes.

Le plan de la Bastille a pour base un calque du plan de Verniquet.

Le liure et forest de messire

Bernardin Rince Millannops: Docteur en medecine
Contenant et explicant briefuement Lap
pareil: Les Jeux: et le festin
de la Bastille.

On les vend au clos Bruneau
a lenseigne des deux Boulles

Cum priuilegio
amplissimo

*A très illustre, et de tous le plus scien-
tifique Antoine du prat Chancellier des deux
gaulles, et fauteur des bons (1). Bernardin
Rince Millennoys, maistre ès ars, et docteur
en medecine, humblement se commande.*

*Pource que ton illustre domina-
tion est tant oppressée de gran-
des et haultes charges, que n'as
peu veoir l'appareil ou pompe
du théâtre, ne regarder les
ieuz solepnelz, lesquelz Françoys, Roy des
Francoys, puissant d'armes, a exposé et
manifesté hier au soir à la mode et magnificence Rommaine, au quatre grands orateurs et légatz D'angleterre, J'ay (Comme
a vng médecin conuient) pour interposer à
mon esperit lassé la tranquilité, par le commandement du roy très chrestien faicte latine
ceste brèue forest (2), Laquelle i'ay voulu con-*

---

(1) Le texte latin porte : *Mecænati optimo.*
(2) Le mot *forest (sylva)* signifie comme nous l'a-
vons dit plus haut : *Recueil, mélanges, variétés,* et
peut-être *récit.*

sacrer et dédier à ton excellence, i'en saiche
certainement que s'en fault beaucoup que n'a-
proche de la rare faconde et manière de
parler, et la propriété exquise de l'aucteur
victruue, et de l'éloquence habundante des
parolles aorneʒ de Apulée; Touteffoys ne
craindra point, soubʒ ton bon suppórt et
faueur, à aller vers nostre d (ict) syre
roy trèssaige. Et à dieu mon suppórt
et honneur. En la noble Uni-
uersité de Paris, le vingt-
troiʒiesme de Décem-
bre, mil cinq cens
dixhuict (3).

---

(3) Cette date est plus probablement celle de la
composition du livre que celle de sa publication.

Le texte latin, peut-être postérieur au texte français, porte la date du 10 janvier 1518 c'est-à-dire,
en nouveau style, 1519.

oulant descripre les grands ieuz Lesqueulx Francoys, Roy des Gaulles, puissant en armes, a faict le vingtdeuxiesme de Décembre Mil cinq cens dixhuyt, en la noble et haulte Cité de Paris, à perpétuel et permanent félicité de mariage, Entre le Daulphin de eage enuiron de vng an (4), Et Marie première fille engendrée de Henry Roy de Angleterre inuicible ; A esté vouée paix, aliance, amytié, et foy, confermée de bonne voulenté aux quatre orateurs, légatz, du Roy de Angleterre, i'ai déterminé premièrement descripre l'appareil et la pompe absolue du conte illustre Galleace viconte de Milan (5), par le commandement du très chres-

---

(4) Le Dauphin avait près de dix mois, puisqu'il était né le 28 février 1517, c'est-à-dire en style moderne 1518.

(5) Il s'agit de Galéas Visconti, duc de Bari, vassal de François Ier, ce roi étant devenu maître du Mila-

tien roy; car ainsy (comme il a acoustumé tousiours en grans choses) il n'a pas tant seulement en cedict appareil faict aussy bien comme Jules César, mais l'a surmonté en son édilité (6), et a aussy vaincu les spectacles et ieuz de l'Empereur Octauien. Maintenant veulx entrer en nostre matière, procédant depuis le commencement iusques à la fin. Et premièrement estoit vne haye royalle qui fermoit et cloyt les premiers estroictz (7) affin que les cheuaulx ne la pénétrassent. Et cent souysses gardoient diligemment icelle haye; et en la

---

nais, province qu'il perdit en 1521. L'auteur, milanais lui-même, faisait très probablement partie de la suite du comte Visconti.

(6) On lit dans le texte latin : superavit edilitatem Cœsaris. L'auteur veut dire que François Ier eut, pour organiser cette fête, des *officiers municipaux* plus habiles que ceux de César.

(7) Le texte latin dit « primas fauces prioresque angustias. » Une allée ou passage étroit, ouvrant sur la rue S. Antoine et longeant le fossé occidental de la Bastille, aboutissait, comme nous l'avons dit, après un retour d'équerre vers l'Est, à une grande place où se trouvait l'entrée du pont introduisant à la Bastille. C'est ce passage, qui plus tard s'appela : l'entrée du petit arsenal, que veut désigner l'auteur.

porte de l'yssue du chasteau (8) estoient quatre
colompnes quarrées, qui soustenoient les cha-
piteaux, dorez de fin or, duquel le fronc estoit
noble et de grand renommée : aorné des armes
de France, D'angleterre, et D'acquitaine, et
au dessus estoit escript : Laudate dominum
omnes gentes, c'est à dire toutes gens et peu-
ples, louez nostre-Seigneur. Auprez estoient,
XXV archiers lesquelz deffendoient l'entrée et
l'issue. L'entrée du chasteau (9) auoit de longueur cent cinquante pas et de largeur XII,
Et estoit en angle droict vers le meilleu courbe
ou crochu fléchissant (10), auquel lieu auoit

---

(8) *L'yssue du chasteau*, désigne encore la porte
ouvrant rue S. Antoine, et introduisant au passage
décrit ci-dessus. Le mot issue est ici synonyme d'entrée. Cette entrée était probablement une double
baie ou voûte percée dans un pavillon, comme je l'ai
figurée sur le plan.

(9) *L'entrée du chasteau*, c'est-à-dire encore l'allée
qui y conduit. Le texte latin dit : vestibulum ipsum.

(10) L'auteur veut dire que l'allée susdite, vers le
milieu de sa longueur, formait un retour d'équerre
qui conduisait aux abords de la face méridionale de
la Bastille, (voir l'introduction). — Colonnes d'*argent*,
c'est-à-dire argentées , comme l'explique le texte
latin.

soixante colompnes d'argent distinguez par
mesure de raison. Entre lesquelles commençoit
vne haye noblement aornée, tyssue de bouys et
en la voulte de la tour (11) auoit des haches
d'hyerre fléchies à demy cercles, et en angles droictz estoient entaillées qui démonstroient de leur nature la semblance de lad (icte)
volte ; ausquelles estoient affichez des cercles
de bouys dorez, tournans et virans (12) les
armaries et escus de l'un et de l'autre roy ; les
dernières choses (13) des colompnes, estoient

---

(11) *La voulte de la tour*. Le latin dit : janua vestibuli. Ce vestibule, dont le mot tour n'est pas l'équiva-
lent, désigne l'entrée du pont dormant probablement
formée d'un pavillon voûté. A coup sûr, on ne parle
pas encore de l'entrée principale de la Bastille. Les
mots *haches* d'hyerre signifient sans doute : des ba-
guettes ornées de lierre (haste ederacee, dit l'édition
latine.)

(12) *Tournans et virans*. — Ces mots donneraient à
croire que ces cercles de buis tournaient comme
des soleils d'artifice ; ils signifient simplement qu'ils
étaient infléchis de manière à encadrer les armoiries
royales.

(13) *Les dernières choses*, c'est-à-dire : les extré-
mités, les chapitaux. Ce français détestable , même
pour le temps, révèle assez les efforts d'un étranger

aornez des figures painctes des hommes très
nobles et illustres ; de çà le pont de la porte du
chasteau reluysoient deux colompnes tout par
tout ennobliz de signe de victoire et de sous-
tenemens de chappeaux (14) tous dorez de fin
or ; au-dessus du dextre costé estoient les troys
lyons D'angleterre, dorez de fin or massifz. Au
sénestre costé estoit ung Daulphin doré, et au
mejlleu de ces deux estoit insculpé noblement
l'escu de France doré de fin or, et tout autour
estoit le collier de l'ordre sainct Michel moult
apparant en la veue d'ung chacun. La voulte
faicte de Bouys et de hyerre couuroit tout le
pont d'ung merueilleux art. Et ornoient l'introïte du Chasteau coulomnes acoustrées des
despoilles des aduersaires et ennemys. En
icelluy arc et voulte estoit engraué et insculpé :
Templum Pacis, C'est-à-dire : yci est le temple
de paix. Il y a une tour du regard de sainct

---

pour s'exprimer dans notre langue. En latin on lit :
Extrema colonnarum pictœ effiegies viris illustribus
persimiles exornabant.

(14) *Signes de victoire*, autrement : *trophées — Chappeaux*, c'est-à-dire *chapitaux* ou couronnes.

Antoyne (15) qui est appellée en langue fran-
coyse la Bastille de Paris. Les entrées dedans
sont du costé de septentrion (16). La dextre part
regarde orient, duquel lieu l'ayre et la place
quarrée de tous costez démonstre auoir la longitude de cent pas (17). La largeur à bien peu

---

(15) *Il y a une tour.* C'est la partie prise pour le
tout. Il veut dire un groupe de tours (*arx* dans le texte
latin). — *Du regard de sainct Antoyne* peut s'interpréter : qui regarde l'abbaye S. Antoine, mais ces
mots signifient : qui est sous la protection de ce
saint. Le texte latin dit : arx divo Antonio dicata.
Sous François Ier, on disait : la Bastille (ou plutôt
bastide) S. Antoine, parce qu'elle était en tête de la
rue de ce nom, ainsi dite elle-même, soit à cause du
couvent du Petit S. Antoine qu'on y rencontrait,
soit parce qu'elle conduisait à l'abbaye de ce nom.
La figure de ce saint était sculptée au haut de l'arc
ogival de la porte primitive qui regardait le faubourg, entre les statues de Charles V et de sa femme.

(16) *Du côté du septentrion.* L'expression est juste,
dans le cas seulement où l'on veut désigner la première entrée, celle ouverte sur la rue S. Antoine et
introduisant au passage dit au XVIIe siècle *l'entrée
du Petit Arsenal*, car la porte introduisant dans la
Bastille était percée dans la face étroite qui regardait
la Seine ou à peu près le sud.

(17) *La dextre part regarde l'orient.* On désigne
ici la large façade qui regardait le faubourg S. An-

près embrasse quarante pas, et la haulteur est
esleuée de tous costez de ferme pierre. Et la
paroy des murailles de lad (icte) place contient
XXXVI couldées (18). Laquelle tout premièrement estoit couuerte de draps lesquelz pendoient par cordes tendus, en la similitude
d'une goutière, (19) aux extrêmitez des murs
conionctes à la haultesse et sommité des murailles faictz de grant art et labeur, par lesquelz l'eaue s'épongoit, en telle sorte que la
pluye ne cheoit point sur les personnaiges du
dedens. En après auoit vne aultre couuerture
de draps pers (20) en la semblance de la ma-
chine stellifère de laquelle en la superfice con-

---

toine. — *L'ayre et la place quarrée*, autrement dit
la cour intérieure, alors non divisée en deux parties.

(18) *XXXVI coudées*. — La hauteur des bâtiments
à partir du pavé de la cour jusqu'au niveau du parapet
crénelé, y compris ce parapet, était, comme je l'ai dit
page 61, d'environ 26 mètres.

(19) Par une *goutière* il faut entendre un toit à deux
pentes.

(20) Le mot *pers* indique une nuance bleue légère-
ment verdâtre, couleur de ciel. Le latin dit : pannis
celestibus. — *En après*, c'est-à-dire : au-dessous, plus
bas.

caue, estoit painct et sagement descript L'é-
quinoctial du zodiaque, auec les deux tropiques
de Cancer et de Capricorne, Et aussi les deux
lignes équinoctiales, au commencement de
Aries et Libra. Aud (ict) ciel estoit figuré saigement les sept planettes très bonnes et béni-
uoles, par le regard des **XII** maisons du ciel
ou cercle oblique, (21) lesquelz démonstroient
grand félicité pour le présent et temps aduenir.
Car premièrement le soleil estoit constitué au
Léon au mydi de nostre orizon, Mars auoit
congneu la vierge Rhée sylue la mère de Ro-
mulus. La libre ensuiuoit après. Saturne auoit
embrassé les bras de lescorpion ; Juppiter auoit
appellé le sagittaire précepteur de Achilles à
sa garde. Capricorne, Ganimèdes et le signe
de pisces auoient leurs maisons vuydes des
estoilles errantes ; Vénus estoit gardée des cornes de Aries, lesquelles ià pieçà (22) auoit donné
à son espoux Vulcain, en la présence des dieux.

---

(21) *Le cercle oblique* est l'éclyptique ou bande du
ciel d'un peu moins de 48 degrés de largeur contenant
les constellations du zodiaque. *Aries* et *Libra*, noms
latins du Bélier et de la Balance.

(22) *Ia piéçà*, autrefois, un jour.

Mercure estoit prins du desyr du blanc thaureau, disant : ut iungor, qui est à dire :
Comme ie suis ioing ; le septre d'icelluy, que
nous appelons la verge de Mercure. Le serpent
vipère tournoit et gyroit par troys noeufz ,
duquel le conte illustre galeace et toute la
haulte famille des vicontes (23) par vertu et
force conquis a vsé et prent pour son escu ; le
signe de Gemini, du thaureau ensuyuoient les
vestiges affin qu'ilz ne fussent prins ne chassez
du larron Cacus. Proserpine de rechief crai-
gnant la force de Pluto, par le conseil de Céres
estoit mise entre les bras du signe de Cancer.
Mais l'ourse laquelle iusques maintenant auoit
acoustumé de tousiours enuironner le pole
Aquilonaire estoit ià loing et lassée de chemin,
mist une beste, laquelle le commun peuple
appelle Salamandre, a son lieu, à celle fin que
à son désyr soit submergée en la mer océ-

---

(23) Ce mot *vicontes* n'a pas de V majuscule. C'est
le nom francisé des Visconti dont l'écu portait une
vipère ou serpent replié trois fois sur lui-même. En
1835 circulaient encore à Milan et à Venise des pièces
de monnaie avec ces armes.

ane (24). Entre toutes les bestes ceste cy seulle
ainsy que on dict se nourrist au feu et vist dedans et y repère (25). Ceste Salamandre icy estoit moult grande dorée de fin or massif, et de
toutes partz euomissoit feu et flammes de sa
coustume affichez en lampes. La vipère des
vicontes de Milan embrassoit noblement sa

---

(24) Cette phrase est ainsi rendue en latin : « ut
ipsa optato oceano mergeretur. » L'intention de l'auteur n'est pas facile à expliquer. Il dit qu'on substitua
la figure d'une salamandre à la constellation de la
Petite Ourse afin qu'elle pût se baigner (en appa-
rence) dans l'Océan. Mais cette salamandre, rempla-
çant la Petite Ourse voisine du pôle, comme l'auteur
lui-même le fait entendre, ne pouvait, pas plus que la
figure qu'elle remplaçait, descendre assez à l'occident
pour paraître toucher la mer.

Il est à remarquer que tous les motifs de décoration
de cette fête sont empruntés au paganisme. On n'y
voit apparaître aucun sujet religieux, pas même les
effigies des patrons des deux enfants fiancés. Le roi
très chrétien voulait sans doute que cette fête pure-
ment politique n'eût aucun caractère religieux. D'ailleurs, à cette époque, les ornements grecs et les em-
blêmes mythologiques étaient de mode ainsi que
l'astrologie. Acceptons donc ces planètes personnifiées
qui s'harmonisent en paix avec la position du soleil en
signe d'heureux horoscopes.

(25) *Repere.* — L'auteur veut dire *repose* ou peut-
être *respire*; le latin dit : *vivit.*

queue par plusieurs révolutions, et sembloit à
veoir que ladicte vipère dist à la Salamandre :
Igne tuo foueor (26). C'est à dire : Ie me nour-
riz de ton feu ; et ainsy icelle Salamandre sera
tousiours à nos plus haulx lieux ne iamais
ne sera occise, de iour et de nuyct dressera nos
faitz et actions, et tousiours nous ouurera le
port de tranquille et salut, sans lésion ne bles-
seure de rochiers. Trente chandelliers furent
suspendus au comble et lieu plus hault de
lad (icte) maison, lesquelz estoient en trois or-
donnances, et en trois cornes rempliz de ri-
chesses. Aultres trois semblablement pendoient au meillieu, mais six estoient composées
et mis en la racine (27) noblement ordonnez.
Et une chacune propre corne soustenoit vne
grosse chandelle de cyre blanche qui pesoit
quatre vingz onces. Les paroys couuertes noblement de draps de la couleur du ciel et les

---

(26) Cette devise fait allusion à la soumission
du Milanais et des Visconti, qui en étaient gou-
verneurs, à la couronne de France.

(27) En la racine (in radice) veut dire vers le bas des
parois ou peut-être au bas de ce groupe de chandeliers
formant une sorte de lustre.

12

estoilles dorez depuis la ligne de l'orizon iusques à la porte de deuant, et tout à l'enuiron
dud (ict) lieu estoient deux cents cornes dorées (28) et enrichies lesquelles estoient de
double ordonnance seruans et vsans de l'office
de chandellier. Entre ces choses estoient cinquante subtilz et saigement dictz escripts aux
tables des paroys. Et en icelluy fronc du
théâtre estoit vng soleil doré ferme et solide,
lequel resplendissoit et gettoit grand clarté
auecques les parolles séquentes : Hîc est dies
verus dei claro serenus lumine. C'est à dire :
cy est le vray iour de dieu serain et resplendissant de clère lumière. En la dextre face
estoit vng coursier fort et massif sans aulcun
homme a cheual, plus blanc que neige,
aorné de blancz harnoys, auquel estoit escript : assay domanda, c'est à dire : de-
mande assez. Cestuy cheual conuertissoit

---

(28) Ces cornes dorées étaient des cornes de bœufs
ou plutot de cerfs, ornements qui devaient mieux
s'accorder avec cette sorte de forêt factice qui semble
justifier le mot *Forest* du titre. Seulement il faut ad-
mettre qu'elles avaient été façonnées de manière à
recevoir des chandelles de cire.

merueilleusement à soy les yeulx des regardans. Après estoit vng ancien philosophe
débile et faible iouste la dernière paroy du
théâtre enuironné de haultes montaignes; en la
dextre et en la senestre part auoit vne table
chargée de liures et pecunes auec ce dict :
Incassum, c'est à dire : en vain (29). En la
partie senestre des murs estoit Eolus roy des
ventz assomné de dormir (30) lequel estoit
caiché en la maison de morphée disant ce qui
s'ensuit : Nec me sopor iste grauabit, c'est à
dire : cestuy dormir ne me grèuera point. Mais
affin que le très chrestien Roy eût vne chaire,
on lui fist au meilieu du théâtre vng magnifique et royal tribunal (31) qui estoit construict
de grant art, contenant trente pas de longitude
auec toute la haulteur de la latitude. On montoit à luy par trois petitz dégrez en hault ; et

---

(29) Toutes ces peintures allégoriques ne semblent
pas très claires. Le texte latin n'aide pas à les comprendre.

(30) Le latin dit : somno correptus, pris d'un pro-
fond sommeil.

(31) *Tribunal* ; tribune. Le mot *chaire* signifie :
siége élevé.

en la plus digne partie d'icelluy auoit escript
en vne couuerture d'or au coupeau (32) : quos
deus coniunxit homo non segreget, c'est à
dire : ceulx que dieu a conjoinctz iamais
homme ne les sépare ; sur lequel a esté constitué et décrété le siège d'or du roy très inuicible. Les costez du siège tribunal en hault
estoient aornez et parez de bouys, de roses
vermeilles, et blanches, mais dessoubz et partout au bas et ès enuirons couuers de draps
d'or, duquel la quantité cueilloit la somme de
deux cens couldées. Au dextre costé auoit
escript : O clara et chara lux ! c'est à dire :
ô clère et chière lumière ; en après : Si qua
latent meliora putes, et au dernier : Redeunt
saturnia regna, Qui est à dire : ce tu cuydes
aulcunes choses meilleures, ils sont absconses ;
Les règnes saturniens retournent à leur premier estat. Au senestre costé estoit premièrement escript : Nimirum si nox clarescit,
Certes ie ne m'esmerueille point si la nuict
commence (à) esclarcyr. En après auoit : Duce

_____

(32) *Coupeau* signifie : sommet. Le labyrinthe actuel
du jardin des plantes était jadis une butte dite : coupeau
ou coypeau.

iove et comite fortunâ, et au dernier : Non
fatis agimur. C'est à dire : dieu mène, et for-
tune compaigne ; nous ne sommes point menez
des fatalles destinées. L'entrée du siège tribunal estoit distingué par cinq colomnes esquarres (33) qui estoient aornées des despoilles
des ennemys ; les chiefz d'icelles et les souste-
nemens estincelloient d'or et d'argent comme
estoilles, et faisoient quatre introïtes et entrées.
En la première estoit escript : Concordie et tran-
quillitati ditatum ; En la deuxiesme : Par fides
et vnum velle ; En la troisiesme : Concors con-
cordia ; En la quatriesme : Cedant priscanouis.
C'est à dire : à paix, à concorde, à tranquillité
est sacré ce lieu ; semblable foy, et ung vouloir ; d'ung cueur paisible paix et amitié ; Les
vieilles choses donnent lieu aux nouuelles (34).
Tout le siège tribunal estoit couvert dessus
d'une claye de bouys, laquelle estoit remplye

---

(33) *Esquarres*, carrées. — Autrement dit des piliers.

(34) Le sens de ces devises est mal exprimé en français. Elles font allusion à l'alliance qu'on célèbre et
signifient en résumé : que nos anciennes discordes
soient remplacées par l'état de paix.

de roses blanches et rouges, et à chascun des
quatres angletz pendoient de toutes sortes de
pommes 35) et non pas moins la multitude et
copiosité des arbres verdoyans faisoient honneur à l'ayre du tribunal. Entre lesquelles
choses estoit vng Cedre reboussé de coustume
sa porter charge 36). Après estoit vng vieil
oliuier vnctueux ; Vng laurier vert qui iamais
n'est frappé de tonnerre ; vng citronnier ayant
tousiours belle formosité de fueilles ; Pommes
de grenade, en yuer spirant odeur trèssuaue.
Pour lesquelles causes les saiges iugèrent incontinant d'une bouche (37, estre en icelluy
lieu la vraye ymage de région fortunée, ou l'isle
de délices, ou la félicité de Arabie, ou en la
parfin estre vng paradis terrestre. Le théâtre
du siège tribunal estoit annexé à deux porches

---

(35) *Pommes* veut dire : fruits; c'est le mot latin
poma francisé, d'où vient Pomone.

(36) Phrase peu claire. Le mot *sa* est transposé. Il
faut lire : de coustume porter sa charge. Le latin dit :
cedrus assiduo pondere gibbosa. — *Reboussé* (ou re-
broussé) signifie : infléchi en sens contraire.

(37) *D'une bouche*, c'est à-dire d'une voix unanime,
unà voce.

appliquez et ioingtz au mur l'ung à l'aultre,
ainsi posé et mis qu'il sembloit estre trois sièges
faciles à veoir aux regardans. Lequel démons-
troit estre en la similitude du coing d'ung
théâtre. Après y auoit soixante petitz pilliers
et colomnes carrées entremis, diuisez et sous-
tenus ; à chascun de eulx double corne dorée
estoit fichée au lieu du chandelier. Les pilliers
estoient couuers de chascune part de draps
blancs, noirs et tannez, tendant à l'obscur. Au
deuant estoient mis les nobles armes des roys,
du Daulphin et Royne liez en cercles de bouys
d'or et d'argent par ordre merueilleuse, mais
au dextre costé du siège, lequel estoit ioing au
Tribunal tout aux enuirons estoient draps
d'or, là où la royne et Madame la mère de son
mary estoient. Et ma dame Anthoyne, très
chaste espouse du Conte Galleace là où regardoit les ieux, auecq bonne grâce de la
royne. Le pauement de toute l'ayre estoit construict des ays polis et aplanis, et dessus des
draps obscurs blancs et de couleurs de lyons
vng peu obscurs, estoit partout mis soubz les
piedz, car le Roy vse de ceste couleur, et s'en
esiouyt, qui dénote et signifie la sincérité et

purité de son couraige, Auecques la trèsgrant
raige de ses aduersaires. Tous les deux angles
du Théatre au deuant du siège tribunal com-
munément auoient vng Buffet d'or engraué,
et les derniers coingz auoient ung buffet de
vaisselle d'argent, en grande diuersité, multitude, et de grant poyx, sans double. Ce buffet
là, royal entre les sept miracles du monde est
chose innombrable. Considère qu'il peult aorner
les amys durant le temps de paix, et sous-
tenir les ennemys durant les guerres longues,
Comme une dureté et support de Dyamant (38).
La Royne et Madame la Régente, mesdames
D'alençon, et de Nemours, duchesses, et les
dames très illustres auec toutes les aultres
dames A IIII heures après mydi entrèrent en
la tour et théâtre. La royne estoit vestue de
drap d'or, fourrée de peaux de martres sublimes (39), toutes canuses de ancienneté, ayant

---

(38) Cette phrase doit s'interpréter ainsi : cette ri-
che vaisselle destinée à embellir les fêtes données en
temps de paix pourrait en temps de guerre fournir
des fonds pour résister à nos ennemis.

(39) *Martres sublimes.* — L'auteur veut dire zibe-
lines (sibilinæ pelles). Il ajoute que ces peaux sont

et portant couronne où estoient submis et posez
copieuses multitudes de dyamans, et de perles,
auec vne chayne de dyamans et de perles, et
aultres pierres précieuses qu'elle auoit pendues
à son col. Ma dame la grant mère (40), iouxte
sa coustume, auoit habit de noir. Sa fille duchesse D'allençon auoit vestement à troys fils
fourrée de martres sublimes. La duchesse de
Nemours portoit noirs habitz, et en auoit
moult nobles vestues d'or et d'argent, Mais
ma dame Claire Vicontesse Pusterle (41) portoit vesture de blanc, (Car ainsi requeroit son
vouloir), Toute liée de noeux d'argent, et de la
plus grant part estoit aornée de précieuses et
riches perles, Et la seur du Conte Borromée
portoit vesture léonine (42) enuyronnée de

---

toutes *canuses d'ancienneté*; canuses, mot latin, veut
dire blanchies. Or le texte latin dit tout le contraire :
hebœno nigriores.

(40) *La grant mère,* Louise de Savoie, marraine du
Dauphin.

(41) Ce mot *Pusterle* avec un P majuscule semble
être un nom propre ou qualificatif. Il se répète, mais
sans initiale majuscule, à la page 13 du texte original.
Le mot *pusterla* en italien signifie poterne.

(42) *Léonine* veut dire couleur du lion, fauve ou *tan-
née,* comme on disait alors. Il est évident que les trois

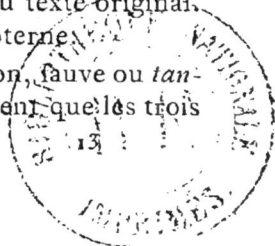

13

peaulx D'ermynes, tissue d'or solide, Et auoit
vne chayne qui estoit garnye de pierres précieuses, et de dyamans, Lesquelles moult dé-
coroient le théatre. Leurs deux chiefz de dessus
estoient aornez de houppes en noeux d'or lesquelz enuoient dehors les flocces de soye en
remuant le chief. Pour laquelle cause les yeulx
des assistans facillement et sans difficulté se
conseillèrent et reuocquerent (43). En la fin
estoient vingt pucelles adolesentes toutes
vestues de habitz royaulx de soie de Milan, et
dessus tissues de diuerses couleurs et couuers
d'or. Lesquelz habitz n'auoient point esté faicts
sans grant labeur, auec la compaignie des
Parisiennes, Millannoises et Curialistes (44).
A quatre heures et demie en l'aduènement du

---

dames citées et probablement réunies faisaient allusion par leurs robes noire, blanche et fauve, à la livrée ou, si l'on veut, aux trois couleurs favorites de
François Ier.

(43) Cette phrase est peu intelligible. L'édition latine dit : ambœ caput aureis nodis ubique flosculos
gessumini emittentibus elegantissimè, quamobrem
oculos adstantium facillimè conciliarunt revocarunt-
que.

(44) *Curialistes* (curialium) femmes de la cour.

roy en icelluy théâtre, après que la pluye eust
obscuré vint le iour en très grande clarté (45),
et six cens cierges ou chandelles furent al-
lumez.   Lesquelz vaincquoient la nuyct, et
on doubta assauoir se le Roy à son ioyeux
aduènement auoit conioinct la nuyct auecques
le iour, Comme fist Josué, deuant tout le
monde. Pour laquelle chose incontinant fust
mué le carme de Virgile en l'excellence de la
gloire royalle, et fut permuté en vng aultre qui
s'ensuit :   Luce pluit totâ redeunt spectacula nocte ; Imperium iunctum cum Jove rex
habeas (46), C'est à dire : Tout le iour a faict
pluye, mais au soir retournent les spectacles :
Tu ayes l'empyre conionct auec dieu.   Alors
les quatre orateurs du roy D'angleterre
inuicible qui estoient en vestemens pompeux,
de poupre et d'or, chargé de bagues, et affiquetz,

---

(45) Phrase peu claire. Il faut interpréter : Après
que la pluie eut obscurci le jour, six cents cierges ra-
menèrent une grande clarté. Quum imber assiduus
diem fœdasset, serenitas maxima tenebras illustravit.

(46) C'est l'application à rebours de ce distique de
Virgile :

Nocte pluit totâ ; redeunt spectacula manè ;
Divisum imperium cum Jove Cæsar habet.

et gemmes précieuses, auec la noble compaignie des Angloys, receurent le roy en grande
magnificence.   Au dernier venoit Trèsré-
uérend père en dieu le Cardinal, du Tiltre de
saincte Marie in Porticu (47), Légat en France
de par le grand euesque Léon Pape dixiesme,
à son costé ayant troys collièges de éuesques
qui l'accompaignèrent iuques au théatre.   Le
Roy, le Légat, les Orateurs, les Princes,
les Cardinaulx, et tous les aultres estans assiz
au Tribunal auec les trèsnobles dames, Incontinant les ménestriers auec trois Buccines
et Fleutes de boys nonpareilles, et deux instrumentz de Arain à la mode myllannoise,
commencèrent à sonner et chanter très mélo-
dieusement la Pauane, basse dance, Laquelle
le roy dança deux foys, auec plusieurs aultres
princes. A l'heure septisme après mydi que
sur le siège Tribunal et sur tout le Théâtre
furent mis droictement double ordonnance de

---

(47) On lit dans le manuscrit de l'Arsenal, cité à la
page 57 de l'Introduction : « Payé 70 livres 14 sols 8
deniers ,» à l'occasion de la réception de Mgr le Cardinal in Porticu, légat, le 19 nov. 1518 « pour présens à lui faits par la ville. »

tables. Le tr èschrestien Roy se asseist au meillieu d'une noble Chaire royalle dorée. A son
costé dextre estoit le trèsrévérend du souuerain
éuesque, le légat; Au senestre la seur du roy
duchesse D'alençon prochainement auprès du
Légat estoit assise. Le illustre conte Borromée
qui ne peult estre assez loué. En après le
prince Milor Chambellan prince de la haulte
légation D'angleterre. Après madame la vidasme de Chartres fille du grant Maistre. En
après le digne cardinal de Boisy auecques L'ad-
miralle, épouse de son frère. Et puis Milor de
sainct Jehan troixiesme légat D'angleterre.
Après le fleur des vertus, et de chasteté Madame Claire Vicontesse de Millan pusterle de
laquelle eschiet question commune, Assauoir
se elle est plus belle, que saige. Après estoit
entre les aultres vng soleil reluysant, le cardinal
de Bourges. Après Caso et le préuost Ghinis (48) l'un des orateurs D'angleterre. En après
Borbore et Refuge (49) ; En après le Cardinal

------

(48) Le Prevost Ghinis, c'est-à-dire le gouverneur
de Guines, ville près de Calais, appartenant alors à
l'Angleterre.

(49) Rien trouvé sur les noms, probablement défor-

séraphique du tiltre de Ara celi. Et puis
Berne (5o) auecques L'orateur de Venise. Au
dernier estoit Maleus (51) auecques Ausigny
qui fermoient le dextre costé de la table royalle.
A la senestre partie, ensuyant la haulte duchesse D'alençon estoit l'éuesque Eliense (52)
le second légat D'angleterre ; Et en après la
resplendissant duchesse de Nemours ; Et delà

---

més, de *Caso* et *Borbore*. Sauval (III, pag. 415, cite
Raoul de Refuge, maître des Comptes en 1474, et
Christophe de Refuge en 1511. Un membre de cette
famille était conseiller au Parlement en 1574 (Félibien, V, p. 312.)

En 1579, fut décapité aux halles François de la Pri-
maudaie, dit de la Barrée, favori du duc d'Anjou, et sa
tête exposée sur un poteau au coin de l'Eglise des
Augustins, pour avoir assassiné Jean du Refuge, seigneur de Galardon, qui était huguenot. (Félibien,
t. II, p. 1141.)

Une dame de Refuge, attachée à la comtesse de
Soissons, a figuré en 1675 dans le procès de la mar-
quise de Brinvilliers.

(5o) *Berne*. L'auteur veut peut-être désigner le légat
de Berne en Suisse.

(51) *Maleus* et *Ausigny*, noms inconnus ; le texte
latin écrit : *Malens* et *Ansigny*.

(52) L'éuesque *Eliense*, c'est-à-dire d'Ely, ville épis-
copale d'Angleterre.

le très excellent duc D'alençon beau frère du
roy auec la trèsillustre et haulte dame de Chas-
teaubriant. En après le hault duc monsieur de
Vandosme. Et après la noble dame du Pont ;
Et puis le glorieux duc de Ferrare, lumière de
discipline de la cheuallerie des Itales.   En
après la trèshonneste Contesse de Brianne (53) ;
et puis après le trèsresplendissant conte de
saint Paul plain de toutes vertuz en bataille et
en paix, vng aultre César. En après la très
digne vicontesse de Tours, Puis le prince du
Chasteau Surion (54). Au dernier madame de
Ciambre (55) préuoste de Paris ; oultre les
nobles D'angleterre, Auecques les aultres il-

---

(53) Comtesse de *Brianne*. Il faut, je crois, lire
de *Brienne*, nom d'une très ancienne famille, dont
fut membre Gaultier de Briennes, nommé connétable
par le roi Jean, et mort à la bataille de Poitiers, en
septembre 1356.

(54) *Chasteau Surion*. — Peut-être *Sur-Yon*. La
ville de Bourbon-Vendée se nommait jadis : la Roche-
sur-Yon.

(55) *Ciambre*, nom probablement défiguré. En décembre 1518, le grand Prévôt de Paris était le baron
Gabriel d'Alègre, élu en 1512, et le Prévôt des Marchands, Pierre Lescot, seigneur de Lissy, élu, selon
Du Breul, le 16 août 1518.

lustres dames, tant Françoyses que Italiennes,
Auecques les nobles françoys estoient meslées
souppantes aux tables Théatralles. Alloient
deuant ceulx qui portoient la viande solemnel·
lement ioueurs de doulx instrumentz en grande
mélodie.   Après venoit Gabriel de la Chas-
tre, maistre des Cérymonies, et Préuost de
l'ordre sainct Michel, accompaigné de huict
archiers.   Ensuyuant venoient cinq heraulx
d'armes ; Lesquelz estoient portans les nobles
enseignes tissues d'or, du Roy, du Daulphin,
D'alençon et de Bourbon.   Et en après
monseigneur D'aubigny Escossoys, auecques
monseigneur dé Sauigny, et le seigneur de
Cursol (56, menez des archiers de la garde du
roy. Après Les portiers du roy auec trois
masses d'argent. En après les huict préuostz
de la maison, portans les nobles verges d'argent auecques le grant maistre de tous.   Et

---

(56) *Cursol*, sans doute Jacques de *Crussol*, alors
grand-pannetier de France. Sauval, (III, p. 396) cite
en 1470 : Louis, seigneur de *Cursol*, maistre de l'ar-
tillerie du roi, mais à la page 407 il le nomme : de
Crussol. M. Desmaze, auteur de l'ouvrage intitulé :
Supplices, cite Charles, seigneur de Crussol, vicomte
d'Uzès, en 1534.

puis le premier des Pannetiers Raynier.   En
après vingt et cincq nobles iouenceaulx ap-
pellez les Enffans D'honneur, Lesquelz portoient les viandes royalles en vaisseaulx d'or
massifz. Et autant de ieunes adolescens des
nobles de France, qui portoient les viandes aux
conuiues du banquet du siège tribunal. En
bas estoient deux cens Archiers de la garde,
Lesquelz remettoient en vaisseaulx d'argent
les viandes par les vingt préuostz des tables
théâtralles, et par sept foys feirent cest office.   Après estoient cinquante pocillateurs
qui souuent versoient à boyre aux discumbans
en table.   Au temps passé ont esté faicz
de précieux Conuiz et Bancquetz ; Mais le
présent conuiz ne estoit pas comme cestuy là
de Marc Anthoyne, ou de cestuy de Sarda-
napalus, Mais excédoit cestuy là du diuin Pla-
ton, et de Auguste césar, et de Luculle.   Et
après l'heure de neuf heures après mydi
que plusieurs manières de viandes préparées
de superhabondance royalle , l'apétit ià sa-
tièrent de menger, et les tables ostées incontinant, arriuèrent douze personnaiges masqués
vestuz et ceings de soye blanche à la similitude

14

et semblance des espaignolz, tout par tout
tissue de toylle d'or. Item douze en habit de
France cousu dessus d'or par les extrêmitez
très diligentement. De rechief huyct prophètes (57) vestus d'ung manteau, et quatre
aultres Sybiles représentantes, vestues de drap
d'or. Plus, quatre aultres ayans vesture pour-
prée, portans chapeaux blancs comme les cardinaulx, et puis venoient deux grecz ceingz
d'ung manteau, deux de vesture d'or, deux
d'argent ; Et de rechief deux d'or et deux de
toille d'argent meslé de soye. Touteffoys tous
auoient plusieurs soyes ; mais de diuerses couleurs estoient leur appareil et despoylles et en
petite espace de temps de rond en rond ou de
rue en rue commencèrent à saulter dancer,
et morisquer (58) en estant au théatre et lieu
ad ce ordonné, laquelle chose tira plusieurs à
admiration. De rechief les Bucines, Fleutes,
commencèrent à sonner et chanter, à la mode
de Milan, la pauane ; et estoient quarante paires

---

(57) *Prophètes* ; c'est-à-dire devins, personnages
portant des costumes de magiciens.

(58) *Morisquer.* Exécuter une danse *moresque*.

de personnaiges, qui tousiours ne cessèrent de
dancer, et n'y auoit aultre qui menast les
dances fors ceulx qui auoient faulx visaiges
ou qui estoient desguisez. En la parfin après
la minuyct ià inclinante, affin que les présents
danceurs ne retournassent vuydes de la maison, toutes les femmes en l'habit Milannoys
auec dame Claire, et dame Borromée seurs,
portèrent au Légat, orateurs, cardinaulx, et
tous les princes et cheualliers de l'ordre royalle
auec grande pompe sollemnelle, portèrent la
collation ou précieuses choses aromaticques, et
ne deffailloient pas très doulces odeurs et
suffumigations, venantes non point de Arabie,
mais de Ethyopie, getoient bonnes senteurs
aux assistans et par toute la maison.

Plaudissez des mains en ioye, et vous suffise. Car iay descript les ieuz oultre la coustume de mes estudes.

Imprimé à Paris en la maison de Jehan
Gourmont. L'an mil cinq cens et dixhuict.

¶ Caueturne quis impune attentet hunc li+
bellum imprimere: Vt ampliffimo patet pri$
uilegio a regia maieftate nobis condonato.
M.D.p Viii.

LE SUPPLICE

DU

MARÉCHAL DE BIRON

DANS LA COUR DE LA BASTILLE

(31 juillet 1602)

Il nous a paru curieux de relater ici, à titre de contraste avec la joyeuse fête de 1518, la tragique exécution dont fut témoin en 1602 la même cour de la Bastille, très probablement telle encore, à cette époque, qu'elle était sous François Ier. Ce fut seulement sous Louis XV qu'elle fut divisée en deux parties, d'inégales dimensions, par un bâtiment destiné au logement des officiers de l'Etat-major et du gouverneur de ette prison d'Etat.

Les mémoires historiques publiés au commencement du XVIIe siècle contiennent des récits — plus ou moins en concordance — de cette exécution. On trouve de nombreux détails, à ce sujet, notamment dans les écrits contemporains qui suivent : — *La chronologie septennaire* de Victor Palma Cayet, 1598-1604 ; — *Le traité du mariage de Henri IIII.... plus la conspiration, prison, jugement et mort du duc de Biron.... Rouen, Jean Petit,* 1610 ; — *Histoire des derniers troubles de France sous... Henri III et IV,* par Pierre Mathieu, 1606 ; — *Journal de Pierre de l'Etoile ; Mémoires de Sully ; — Lettres et ambassades de Philippe de Canaye,* publiées en 1635 par Jacques de la Guesle ; — *Histoire de France* (en latin) de De Thou ; — *Mémoires* de Bassompierre, etc.

Nous reproduirons les parties les plus intéressantes du récit publié par Jean Petit, dont il existe, selon Brunet, (tome II, col. 235), des éditions datées 1606, 1607 et 1609. Nous nous sommes servi de l'édition de 1610, qui se trouve à la Bibliothèque Mazarine sous le n° 23738. Tome XII. Recueils.

Le premier maréchal de ce nom, Armand de Gontaut, *baron* de Biron, tué en 1592 au siége d'Epernay, fut le plus fidèle compagnon d'armes du roi de Navarre devenu Henri IV. En reconnaissance de ses éminents services, Henri nomma son fils successivement amiral,

maréchal de France, gouverneur de Bourgogne, enfin duc et pair.

P. de l'Etoile en fait au physique un portrait qui n'est point flatté. « Ce seigneur étoit
de moyenne taille, noir de visage, assez gras,
et qui, ayant les yeux enfoncés, avoit un mauvais regard auquel la Reine même, dès qu'elle
l'eût vu premièrement à Lyon, et bien re-
gardé, le jugea traître, et le dit. »

Charles avait l'intelligence stratégique et
l'intrépidité de son père, mais non sa fidélité à
toute épreuve. Les faveurs dont le roi l'avait
comblé ne suffirent pas à son ambition ex-
cessive. Il avait un caractère violent, opiniâtre
et, tout à la fois, comme il arrive assez souvent,
facile à séduire. Après avoir servi loyalement
la France, il se laissa entraîner à une série de
conspirations contre sa patrie et son roi. Nous
n'avons à nous occuper ici ni des suggestions
auxquelles il céda, ni des intriguants qui le
conduisirent à sa perte ; nous nous bornerons
à donner des détails relatifs à son jugement,
son emprisonnement et son supplice.

Il fut convaincu, sur des preuves écrites et
irréfutables, d'avoir consenti, dans le fol es-
poir de devenir un souverain indépendant, à
se liguer avec la Savoie et l'Espagne contre
la France, et même d'avoir médité la mort de
son bienfaiteur. Henri, après en avoir tiré

des aveux incomplets, eut la générosité de lui pardonner sa félonie, mais en l'avertissant qu'en cas de récidive, il ne lui ferait plus aucune grâce. La scène du pardon se passa en 1601 à Lyon (dans le cloître des Cordeliers), où le roi était venu au devant de Marie de Médicis. Biron n'en persévéra pas moins dans la voie de la perfidie. Le roi trop éclairé, pour la seconde fois, et à son grand regret, sur ses nouveaux projets de trahison, lui déclara qu'il n'avait plus à compter sur sa clémence, et le fit arrêter à Fontainebleau par de Vitri, capitaine de ses gardes, puis conduire à la Bastille. Son procès, sur l'ordre du roi, fut instruit au Parlement par le président Achilles de Harlay. Sa famille implora vainement un nouveau pardon. Le 27 juillet, Biron comparut devant le Parlement, qui le surlendemain le condamna à mort, comme traître à son pays et criminel de lèze-majesté au premier chef. Il fut ramené à la Bastille et deux jours après, 31 juillet, décapité dans la cour de cette prison d'Etat, par condescendance pour sa famille, car la sentence avait désigné la place de Grève, localité infâmante, comme lieu de son supplice.

Nous allons maintenant réimprimer en partie le texte de l'opuscule publié par Jean Petit; il nous fournira des détails naïfs et quelquefois pittoresques. Nous conserverons son orthographe souvent erronée et inégale ; mais nous rectifierons la ponctuation qui est très défectueuse ; nous rétablirons les abréviations typographiques et les accents ; enfin nous supprimerons les majuscules inutiles prodiguées sans motif. Quant à nos remarques personnelles, destinées à éclaircir ou à compléter certains passages, elles seront entre parenthèses.

Le premier acte de cette tragédie réelle se passa dans une salle du château de Fontainebleau, où Biron, malgré les conseils de ses amis, se présenta le 13 juin, dans l'intention non de se justifier, mais de se venger de ses accusateurs. Le roi, irrité de son insolence et ne pouvant tirer de sa bouche l'aveu de sa trahison, dont il avait la preuve, se borna à lui dire : « Adieu *baron* de Biron, vous sçavez ce que ie vous ay dit. » Ce titre de baron, substitué à celui de duc, que le roi lui retirait, était de mauvais augure.

Ici va commencer le récit contemporain.

« Le mareschal pensant sortir de l'antichambre, Vitry s'approche, et lui saisist la droite de sa gauche, et de sa droitte, prit son espée, disant, *monsieur, le Roy m'a commandé de luy rendre compte de vostre personne, baillez vostre espée*... Le mareschal du commencement dist à Vitry : *tu te raille ? Monsieur*, dist Vitry, *le roy le m'a commandé. Hé !* dit le mareschal, *Ie te prie que ie parle au roy. Non monsieur*, dit Vitry, *le roy est retiré :* Lors le mareschal dit : *Ha ! mon espée qui a tant fait de bons services ! Ouy*, dit Vitry, *Monsieur, baillez vostre espée.* Lors le duc de Biron de sa main gauche desseignit son éspée, et la laisse emporter de son costé par le sieur de Vitry qui la tenoit desia. Et ainsi le menèrent en vne chambre, où il fut gardé toute la nuict, qu'il passa en plaintes et chaudes reproches... »

« Le vendredy matin (14 juin) le Roy fait assembler son conseil... et fut résolu de *les* mener (lui et ses complices) à la Bastille à

Paris, durant que leurs procez leur seroient faits et parfaits par la Cour de Paris.... »

« Le samedy quinziesme du mois, le mareschal de Biron et le comte d'Auvergne furent amenez par eau en la Bastille, où ils furent mis en chambres séparées, le mareschal en celle des Saints et le comte au-dessus. »

« Le Roy entra aussi à Paris le mesme iour, sur le soir, par la porte S. Marcel... Trois iours après, sa Maiesté alla à S. Maur des Fossez, où les parens et alliez du mareschal s'allèrent ietter à ses pieds... » (Mais Henri inflexible ne leur accorda pas la grâce du coupable et leur offrit seulement, pour les consoler, ce qu'on nomme vulgairement de l'eau bénite de cour.)

« Aux premiers iours de la prison du mareschal, il mangeoit peu et ne pouuoit dormir ; il ne sortoit de sa bouche que des paroles qui offensoient Dieu et le Roy... Quand il sçeut le refus de la requeste de ses parens à S. Maur, il dit comme en riant, *Ha ! ie voi bien que l'on me veut faire tenir le chemin de la Grèue.* »

(Biron adressa lui-même au Roi une requête fort touchante qui n'eut aucun succès. Félibien,

t. V, page 85, en a reproduit le texte. L'instruc-
tion du procès eut lieu le samedi 6 juillet).

« Les lettres pour luy faire et parfaire son
procez furent expédiées et envoyées à la Cour
de Parlement... (le 18 juillet).

« Le procez du mareschal fut instruit à la
Bastille... Le samedi (27) l'on feist venir le
mareschal au Parlement... Le mareschal ayant
acheué de s'habiller, monte dans vn carrosse à
la porte de la Bastille, sur les cinq heures du
matin, et fut conduit par l'Arsenac au bord de
la riuière, puis entra dans vn basteau... au
milieu fermé d'ais ʼc'est-à-dire de planches
formant une cabane, couverte de tapisserie,
selon Félibien). Dedans estoit ledit mareschal
auec les sieurs de Montigny et de Vitri, capitaine des gardes, par dehors, et dans deux
autres basteaux estoyent les soldats qui le
suiuoient... Il fut conduit en la chambre dorée,
où il y auoit cent douze juges. On le fit passer
dans le barreau au mesme lieu où sont inter-
rogez les criminels, et lui bailla on vn haut
tabouret pour s'asseoir... »

(N'ayant pas été jugé dans cette matinée, il
fut reconduit à la Bastille dans le même appa-

reil ; le jugement fut rendu le lundi 29 juillet et signé *Beillieure*, chancelier de France, De Fleury, rapporteur, etc. Cet arrêt le déclare, en résumé, coupable de trahison envers son pays, et de conspiration contre la personne du roi.)

« Pour réparation duquel crime, la Cour l'a priué et priue de tous estats, honneurs et dignitez, et l'a condamné et condamne à auoir la teste tranchée sur vn eschaffaut qui, pour cest effet sera dressé en la place de Grèue ; et a déclaré et déclare tous et vn chacun de ses biens, meubles et immeubles généralement quelconques... acquis et confisquez au Roy... »

« Le lendemain qui estoit le mardy, chacun pensoit que l'exécution se deust faire en Grèue ; on y accouroit de toutes part ; les eschaffauts y furent dressez pour voir, et dans l'ostel de ville il y en auoit vn pour exécuter le mareschal, auec vn petit pont de bois qui deuoit estre mis contre l'vne des fenestres de l'hostel de ville, par laquelle le mareschal deuoit passer, pour aller dudit pont sur l'eschaffaut... Quand à ceux qui furent à la Grèue, *il y demeurent* (sic) la pluspart iusques à onze heures du soir.

croyans qu'il deust estre exécuté aux flam-
beaux...

(Félibien raconte ainsi ce détail, d'après un
récit du temps, :

« Son arrest ayant esté divulgué partout,
fut cause que le mardy ensuyvant il y eut une
infinité de monde dans la place de Grève, et
que toutes les chambres qui y estoient furent
loüées fort cherement jusques à huict et dix
escus pour veoir cette execution, et furent
pleines de monde tout le long du jour, mesme
l'hostel de ville si rempli, que l'on ne sçavoit
de quel costé se tourner. »)

« Tous les parens de monsieur de Biron
on fait présenter vne requeste signée de leurs
mains, par laquelle ils supplient sa Maiesté
que l'exécution ne soit faite en public : ce qu'il
leur a accordé sur l'heure... »

« Monsieur de Sillery ayant aporté la com-
mission par laquelle le Roy vouloit que l'exécution, en faueur de ses parens, se fist en la
Bastille, le lendemain mercredy à dix heures
du matin, monsieur le chancelier auec monsieur de Sillery... arriua à l'Arsenal où
monsieur de Rosny estoit qui les mena en la

Bastille et montèrent par une montée desrobée dans la chambre du concierge nommé Rumigny... »

« Sur les onze heures quand on sceut que le sieur mareschal eut disné, monsieur le chancelier (et autres, allèrent descendre pour trauerser la cour, voir ledit mareschal, lequel estoit logé à l'opposite du costé des champs. Voulans descendre, la damoiselle femme du sieur de Rumigny se prist à pleurer, les mains iointes, ce qui fut apperçeu par ledit sieur mareschal qui mettoit la teste contre les barreaux, et s'écria fort haut : *Mon Dieu ie suis mort, ha! quelle iustice, faire mourir vn homme innocent! Monsieur le chancelier venez-vous me prononcer ma mort? Je suis innocent de ce dont on m'accuse;* et, continuant ces cris, monsieur le chancelier passa ferme et commande qu'on l'allast mener à la chappelle, qui est peu de degrez au-dessus de sa chambre et là il fut trouué plein de paroles de cholère et de reproches, allégua forces exemples de ceux qui auoient mal seruy et néantmoins à qui l'on auoit pardonné, et disoit : Quoi ? monsieur qui auez le visage d'vn homme de bien, auez

vous souffert que i'aye esté si misérablement
condamné ? Ha ! si vous n'eussiez témoigné
deuant ces messieurs que le Roy vouloit ma
mort, ils ne m'auroient pas ainsi condamné !
Monsieur, monsieur, vous auez peu empescher
ce mal et ne l'auez pas fait ; vous en respon-
derez deuant Dieu… où ie vous appelle dans
l'an et tous les iuges qui m'ont condamné. (1)
Ce disant il frappoit fermement sur les bras de
monsieur le chancelier, qui estoit couuert et le
mareschal teste nuë en pourpoint ayant ietté
son manteau, dès qu'il vit que l'on montoit
à luy ; puis il dit : Ha ! que le Roy fait au-
iourd'huy de bien au Roy d'Espagne de luy
oster vn si grand ennemy que moi ! Quoi ? ne
pouuoit-on me garder dans vn cachot céans,
les fers aux mains, pour se seruir de moy en
vn iour d'importance ? Ha ! monsieur ie pouois
faire de grands seruices à la France ; ha !
monsieur vous auez tant aimé mon père, encore pouuez vous remontrer au Roy ce que ie
dis et le tort qu'il se fait… »

_____

(1) Ces paroles de Biron ne sont pas, comme pré-
cédemment, imprimées en italiques.

« Quoy doncques, est-ce la récompense des
seruices de feu mon père, qui luy a mis la
couronne sur la teste ? et il m'oste la mienne
de dessus les espaules ? Est-cela récompense
de tant de seruices passez, pour les payer tout
à coup par la main d'vn meschant homme que
ie voy là (Toutesfois le bourreau n'y estoit pas).
Il parloit si viste et disoit tant de choses ,
tantost contre le Roy, tantost contre ses iuges,
que monsieur le chancelier ne pouuoit entrer
en discours ; mais aussi tost qu'il vit qu'il
estoit temps de parler, il (se) mit (en) peine de
calmer son esprit et le conuia fort de penser à
Dieu, puis luy dit que le Roy demandoit son
Ordre (1) ; soudain il *la* tire de sa poche, plié
dans son cordon, car il ne l'auoit point portée
au col depuis sa prison, et la mit dans les
mains de monsieur le chancelier, en pesant
dans la sienne , et lui dit : ouy, monsieur,
voilà. Ie iure ma part de paradis que ie n'ay
iamais contreuenu aux statuts de l'Ordre.

---

(1) Sa croix de Chevalier du St. Esprit ou de St.
Michel.

Après il luy demanda le baston ₍de maréchal₎, et il luy dit qu'il ne l'auoit iamais porté... »

« Après pria fort monsieur le chancelier de luy permettre de faire son testament, mesmes en faueur d'vn petit bastard qu'il auoit, et d'vne femme qu'il croyoit estre grosse de son fait ; ce qu'il luy accorda, sous le bon plaisir du Roy.

« Puis le mareschal se tournant vers vn docteur nommé Garnier (1), moine et maintenant éuesque de Montpellier, qui luy fut ordonné auec Magnan, curé de Saint Nicolas des Champs, lui dist : monsieur, ie n'auois pas affaire de vous ; vous ne serez pas en peine de me confesser : ce que je dis tout haut est ma confession. Il y a huit iours que ie me confesse tous les iours ; mesmes la nuict dernière je voyois les Cieux ouuerts, et me sembloit que Dieu me tendoit les bras ; et m'ont dit mes gardes, ce matin, que je criois toute la nuict... Le mareschal ietta l'œil sur monsieur de Roissy, Maistre des requestes et luy dit : Ha,

-----

(1) Garnier, docteur en théologie, avait le titre de prédicateur ordinaire du roi.

monsieur de Roissy, faut-il ainsi mourir ! Si
monsieur vostre père viuoit, ie m'asseure qu'il
m'aideroit à sortir d'icy ; il auoit tant aimé
mon père et moy aussi ! Au moins vous n'estiez
pas de ces iuges qui m'ont condamné. A quoy
il luy respondit : monsieur ie prie Dieu qu'il
vous console ; et il lui répliqua : Quand vous
en auriez esté, ie le prie qu'il vous pardonne
cette offence. Mais sur cette parole il reptint
tous les poincts de son procez, n'en aduouant
que le moins qu'il pouuoit, chargeant tousiours
La Fin (son séducteur et son principal accusa-
teur et délateur). Quoy ? disoit-il, le Roy per-
mettra il point à mes frères de faire faire le
procez au meschant sur sa boucrerie, fausse
monnoye, magie et sorcellerie ? Il m'a dit auoir
vne image de cire (1) qui parloit et qui auoit
dit : *Rex impie peribis et sicut cera liquiescit
morieris.* Il est vray par le Dieu vivant, par
ma part de paradis. Ce méchant et desloyal,

---

(1) Les images de cire jouaient encore un rôle, à
cette époque, dans les procès de sorcellerie ; on croyait
encore à l'*envoultement,* opération magique décrite
dans le *Glossaire* de Du Cange.

il m'a perdu, et ie perds ma vie pour sauver la
sienne. Il proferoit ces paroles de telle façon
qu'il parroissoit n'estre aucunement troublé ;
il sembloit qu'il haranguast à la teste d'vne
armée, auec vne telle façon comme s'il eust
entré au combat. »

« Monsieur le chancelier qui cherchoit à
sortir luy dist : Monsieur ie vous donne le bon
iour. Quelque bon iour, dit-il, et ainsi il des-
cendit laissant le greffier Voisin, les docteurs
près de luy. Vn quart d'heure après, ainsi que
messieurs estoyent à table, à la chambre du
concierge, ledit greffier vint dire qu'il supplioit
de n'estre point lié et lui sembloit que son esprit estoit fort calme. Monsieur le chancelier
douta et monsieur de Sillery dit : Puisqu'il se
comporte modestement, permettez lui ceste
grace ; monsieur i'en prens la moitié sur moy.
Monsieur le Chancelier ordonna qu'il en print
l'aduis de monsieur le premier président qui
estoit dans l'autre chambre, car il auoit disné,
dès neuf heures ; il dist qu'il le failloit lier ;
toutes fois il pensa que non. Lors le greffier
retourna et luy dist : monsieur il est nécessaire
de lire vostre arrest ; il faut de l'humilité en

ceste action. Quoy, mon amy, dit le mareschal, que veux-tu que ie face ? Monsieur, il vous faut mettre à genoux. Lors il s'approche de l'autel, met le genouil droit en terre, et le coude sur l'autel, tenant son chapeau de la main, et ainsi entendit son arrest (1). »

. . . .

« Durant la lecture de l'arrest, oyant ces mots : *de crime de leze Maiesté*, il ne dit mot, mais quand il ouyt : *Pour auoir attenté à la personne du Roy*, il se retourna, disant : *Il n'en est rien, cela est faux, ostez cela.* Puis oyant que la Grèue estoit ordonné pour le lieu du supplice : Quoy ? moy en Grèue ? On luy dit : *On y a pourveu ; ce sera céans* (ici) ; *le Roy vous fait ceste grace.* Quelle grâce ! dit-il. Et enfin en oyant tout ses biens confisquez et le duché de Biron réunis à la Couronne : *Quoy*, dit-il, *le Roy se veut-il enrichir de ma pauureté? La terre de Biron ne peut estre confisquée ; je ne la possédois par succession, mais par substitution ; et mes frères*

---

(1) Nous en avons signalé seulement le résumé à la page 118.

*que feroient-ils ? Le Roy se deuroit contenter
de ma vie.* »

« Les théologiens, après que l'arrest eust
esté prononcé, l'exhortèrent à la mort et le
prièrent de supporter auec patience son afflic-
tion, et n'auoir plus d'autre soin que celuy de
son âme. Il demeure à se confesser vne bonne
heure, puis il se promena parmi la chapelle,
sans qu'aucun parlast à luy, sinon que quelquefois en s'arrestant il disoit quelque parole
pour son innocence, et quelqu'injure contre
La Fin, et demandoit s'il ne seroit pas permis
à ses frères de luy faire faire son procez et le
faire brusler. »

(Le maréchal fit ensuite rédiger son testament par Voisin, le greffier ; il fit divers legs
de bijoux ou d'argent comptant et régla le paie-
ment de plusieurs dettes.)

« Entre deux et trois heures, monsieur le
chancelier y retourna auec monsieur le premier président. On fit sortir tous ceux qui
estoient là, puis, l'interrogèrent encore vne
heure et plus, touchant ses complices, mais on
tient qu'il ne voulut rien déclarer... Il demanda si Preuost, intendant de sa maison,

n'étoit point (là) ; on luy dit que non, et qu'il y auoit trois iours qu'il s'en estoit allé en sa maison près Saint-Germain ; lors il dit : *mon Dieu, tout le monde m'abandonne!* Cela dit, monsieur le chancelier et monsieur le premier président luy dirent adieu, et eux descendus firent appeller monsieur de Sillery, qui demeura pendant ceste interrogatoire en la chambre du concierge, et eux trois s'en allèrent hors de la Bastille à l'Arsenac et oncques depuis ne reuiendrent le voir.

« Depuis ceste heure là iusques à cinq heures du soir, le mareschal s'occupa à pareil discours qu'auparauant, parlant incessamment aux vns et aux autres. Il ietta sa veue sur le sieur Arnault et le prioit fort de faire ses recommandations à M. de Rosny, et qu'il le prioit de prendre sa (la) protection de ses frères, donc (dont) l'vn estoit son nepueu par alliance... Il recognut vn gentilhomme qui estoit à monsieur de Mayenne ; il le pria de dire à son maître qu'il mouroit son seruiteur, et de monsieur d'Esguillon, son fils. Il parla fort souuent de ses frères et surtout qu'ils ne vinssent à la Cour de six mois, et supplia fort qu'on dist au Roy, qu'il le prioit de donner à son petit frère quelque estat en la maison de monsieur le Dauphin. Il pria aussi un exempt des Gardes d'aller à monsieur le comte d'Auvergne ; qu'il s'asseurast qu'il estoit fort son seruiteur de toute affection ; qu'il n'auoit rien dit contre luy, et qu'il l'auoit deschargé... Le comte luy manda, *qu'il auoit vn extrême regret de sa vie, comme son vray, singulier amy et seruiteur, et qu'en ceste asseurance il prioit de lui donner vn petit garçon bastard qu'il laissoit après luy, pour le faire nourrir auec ses enfans le plus chèrement qu'il pourroit, tant qu'il fust en aage de se pouruoir luy mesme* (1). »

---

(1) Piganiol (au tome IV, p. 10 de sa *Desc. de Paris,* édit. de 1742), fait la remarque, d'après l'historien de Thou, que ce fut par une grâce exceptionnelle qu'il fut permis à Biron de faire un *petit* testament. Il nous apprend que son fils naturel, Charles de Gontaut, était né de Gillette Sebillote, fille d'un procureur du roi de Dijon. Il avait légué à ce fils, qui fut, ajoute-t-il, *légitimé* et *annobli* en 1615, sa terre de Saulnière en Bourgogne (dont il était gouverneur), et l'usufruit à la mère ; mais un frère de Biron obtint la confiscation de ce domaine, qu'il lui restitua, par donation, le 8 septembre 1626.

« L'eschaffaut fut dressé au coing de la court vers la porte par où on va au iardin ; il estoit de cinq pieds de haut, sans aucune parure, et l'eschelle mise au pied. »

« Les cinq heures venues, le greffier luy dist, qu'il estoit temps de descendre pour monter à Dieu, à quoy il obéit volontairement. Les gardes estoient en la cour, les officiers et huissiers auec les magistrats çà et là. Estant descendu, il marche dix pas sans parler, sinon *Ha !* par trois fois, en haussant tousiours de voix ; puis, tournant sa veue sur le lieutenant Civil, lui dist : *Monsieur vous auez très méchants hostes ; si vous n'y prenez garde, ils vous perdront ;* entendant parler du sieur de La Fin et du Vidasme de Chartres son nepueu, lesquels estoient logez chez lui. Puis vint au pied de l'eschelle et de l'eschaffaut, et se mit à genoux, ayant marché iusques là comme s'il eust esté en bataille. Il ietta son chapeau et pria Dieu tout bas auec ses docteurs à ses costez ; et cela dura un demy quart d'heure. Ce fait, il monta sans s'estonner sur l'eschaffaut, vestu d'vn habit de taffetas gris, où, après avoir despouillé son pourpoint, il se

mit sur les exclamations du matin, adioustant :
*Qu'à la vérite il auoit failli, mais pour la
personne du Roy, iamais, et que s'il eust
voulu croire le mauuais conseil qu'on luy
donnoit il ne seroit plus, il y a dix ans.*

« Après ces propos il reçeut l'absolution du
prestre ; puis, regardant les soldats qui gardoient la porte, leur dist : *O que ie voudrois
bien que quelqu'vn de vous me donnast d'vne
mousquetade au trauers du corps ! Hélas !
quelle pitié ! La miséricorde est morte !*

« Lors le greffier Voisin luy dist : monsieur
il faut lire vostre arrest. Il lui répliqua : ie l'ay
ouy. Monsieur il le faut. Lors il luy dist : ly,
ly ; ce qu'il fist. Cependant le mareschal parloit tousiours, toutes fois assez modestement ;
mais comme il entendit : Pour avoir attenté à
la vie du Roy, il s'esmeut et dit : *Messieurs,
cela est faux ; ostez cela ; ie n'y songeai
iamais.* Le greffier luy dit : ce sont vos con-
fessions. Il répliqua : boute, boute, ie suis pour
moy (*sic*). »

« L'arrest leu, les Théologiens de rechef
l'admonestèrent de prier Dieu ; ce qu'il fist,
puis se banda luy mesme les yeux, et se mit

à genoux, puis tout à coup tira son mouchoer
et ietta l'œil sur le bourreau. Il fut iugé par
les assistans (1) qu'il estoit en dessein de se
saisir de l'espée qu'il ne vit pas ; car, sur ce
qu'on luy dist qu'il falloit couper ses cheueux
et le lier, il iura et dist : *Que l'on ne m'approche pas ! ie ne sçaurois l'endurer, et si
l'on me met en fougue, j'estrangleray la
moitié de ce qui est icy.* Sur laquelle parole il
se vit tel qui portoit vne espée à son costé, qui
regardoit si la montée estoit près de luy, pour
se sauver. »

« Enfin il appelloit monsieur Baranton, qui
l'auoit gardé durant sa prison, lequel monta
sur l'eschaffaut, lui banda les yeux et troussa
ses cheveux, puis dit au bourreau : *dépesche,
dépesche !* lequel, pour l'amuser, luy dit :
monsieur il faut dire vostre *In manus,* et fit
signe à son valet de luy bailler l'espée, de
la quelle il luy coupa la teste si dextrement

---

(1) Parmi ces assistants figuraient, outre les mem-
bres du Parlement, le prévot des marchands accompagné des quatre échevins et quatre conseillers de la
ville.

qu'à peine vit on passer le coup. La teste tomba du coup à terre, puis on la mit sur l'eschaffaut. Le corps (y compris la tête), fut incontinant couuert d'un drap blanc et noir, et le soir fut enterré dans (l'église) Saint Paul, au milieu de la nef, au deuent de la chaire (1). Cest enterrement fut sans cérémonie, estant seulement accompagné de six prestres, et de quelques autres personnes. Le lendemain on luy fit vn service, donc plusieurs allèrent ietter de l'eau béniste sur la fosse. Les beaux esprits de ce temps ont fait plusieurs épitaphes sur (touchant) sa sépulture, desquels i'en ay tiré les plus beaux... »

(Nous nous bornerons à citer le quatrain suivant) :

L'an mil six cents deux, en juillet
L'on fit ce grand Biron deffaire,
Tant pour le mal qu'il auoit fait
Que pour celuy quil vouloit faire.

---

(1) Ce fut, selon Bassompierre, à l'entrée du chœur. Il y a doute sur l'endroit précis de sa sépulture, que n'indiquait aucune inscription.

Pierre de l'Etoile cite ainsi ce même quatrain :

> L'an six cent et deux, en juillet
> On vit le grand Biron défaire,
> Non pour le mal qu'il auoit fait
> Mais pour celui qu'il vouloit faire.

Cette variante, à propos d'un quatrain, nous amène à reconnaître que l'exactitude dans les détails historiques est presque impossible à obtenir. Si l'on consultait toutes les chroniques, tous les mémoires qui rapportent les circonstances de l'emprisonnement et du supplice de Biron on trouverait, en chaque récit, de notables variantes, soit dans l'exposé des faits, soit dans les paroles attribuées aux personnages, paroles bien rarement véritables.

Citons, par exemple, le récit de Pierre de l'Etoile relatif à l'exécution du maréchal. Les propos qu'il lui fait tenir dans sa prison sont d'un style moins incorrect mais aussi moins naïf que dans l'ouvrage dont nous avons reproduit le texte.

Biron y traite ainsi son délateur, le seigneur

de *Lafin* (1) : « un sorcier, le plus grand *nigromancien* du monde... m'ayant souvent fait voir le diable en particulier et même parlant par une image et figure de cire (grâce probablement à un procédé de ventriloquie). »

Il parle ainsi du chancelier : « homme injuste, sans foi, sans loi, *grand nez*, qui l'avoit seul condamné à la mort iniquement. » Et, marchant à grands pas, il répéta souvent : « ha minimè, minimè. »

Passons à la scène du supplice : « Comme il fut près de l'échaffaut, ceux qui étoient là pour voir ce spectacle, qui étoient environ *soixante dix*, ayant fait quelque bruit, à son arrivée, il dit : Que font là tant de maraux et de gueux ? qui les a mis là ? et quel bruit font-ils ? Et toutefois la vérité est qu'il n'y avoit là que d'honnêtes gens. Monté sur l'échaffaut il dépouilla son pourpoint et le donna au valet de la garde-robe. Après, le bourreau lui pré-

---

(1) Nous citons d'après l'édition de Michaut et Poujoulat, édition où l'orthographe de l'Etoile a été rectifiée.

senta un mouchoir blanc pour le bander, mais il prit le sien, lequel s'étant trouvé trop court, il demanda celui de l'exécuteur, et s'en étant bandé et mis à genoux, il se leva et débanda aussitôt, s'écriant : n'y a-t-il point de miséricorde pour moi ? Et dit de rechef au bourreau qu'il se retirât de lui, et ne l'irritât point et ne le mît au désespoir, s'il ne vouloit qu'il l'étranglât, et plus de la moitié de ceux qui étoient là présens, desquels plusieurs eussent voulu être hors, voyant cet homme non lié parler de cette façon. De là, un peu il se remit à genoux et se rebanda ; et tout incontinent se releva sur pied, disant vouloir encore voir le ciel, puisqu'il avoit si tôt à ne plus le voir jamais, et qu'il n'y avoit point de pardon pour lui. Pour la troisième fois il se remit à genoux et se banda ; et, comme il portoit la main pour lever encore une fois le bandeau, le bourreau fit son coup, au même instant qu'il lui disoit qu'il ne lui trancheroit point la tête qu'il n'eût dit son *in manus*. Si le bourreau n'eût usé de cette ruse, ce misérable et irrésolu homme s'alloit encore lever, et de fait il eut deux doigts offensés de l'épée du bourreau, comme il por-

toit la main pour se débander pour la troisième fois. »

Aucune estampe n'a paru à Paris, du moins
à notre connaissance, sur le supplice de Biron,
probablement par égard pour sa famille ; celle
ci-jointe est la reproduction partielle d'une
gravure contemporaine, anonyme, exécutée
en Allemagne. Elle se trouve, au Cabinet des

18

Estampes, dans la collection-Hennin, à l'année 1602. Sa forme est à peu près carrée. Au haut, dans un ovale, est le portrait du maréchal, plus ou moins ressemblant. Au-dessous, à gauche, dans un médaillon circulaire de 70 millim. de diamètre, figure son arrestation à Fontainebleau ; à droite un autre médaillon qui forme pendant, offre la scène du supplice. Dans les intervalles qui séparent les trois sujets sont quatre inscriptions, deux en latin et les deux autres en allemand. Au-dessous de cet ensemble est annexé un long texte explicatif, également en langue allemande et disposé sur trois colonnes.

Cette planche, gravée dans le genre de Léonard Gaultier, est une composition qui n'a d'autre mérite que celui d'être du temps. La cour de la Bastille est dessinée tout à fait de fantaisie. On n'y compte que trois assistants au lieu des soixante-dix signalés par P. de l'Etoile. La date du 29 juillet inscrite au bas du médaillon est celle, non du supplice, mais de la sentence de mort. Malgré sa naïve inexactitude, cette estampe a monté au prix de 58 francs à la vente de M. d'Henneville, qui eut lieu en 185... (?)

Dans la même collection-Hennin se voit une autre estampe au burin, in-folio en largeur, également d'origine allemande. Ici, la localité

est tout à fait en contradiction avec l'inscription
qui indique la cour de la Bastille. L'exécution
a lieu au milieu d'une grande place enjolivée
de colonnes, et d'arcs de triomphe, bordée, au
fond, d'un rang de maisons à pignons, avec
tribunes garnies de spectateurs. Autour de
l'échaffaut est rangée, en carré, une foule com-
pacte. Derrière le bourreau, un personnage,
probablement son valet, tient le pourpoint du
maréchal. Cette grossière composition, qui ne
coïncide guère avec le récit de l'événement,
nous parait être la copie agrandie d'une eau-
forte allemande, faisant partie d'un recueil
d'estampes sur les épisodes de la Ligue, publié
en 1610, avec portrait de Henri IV en tête.

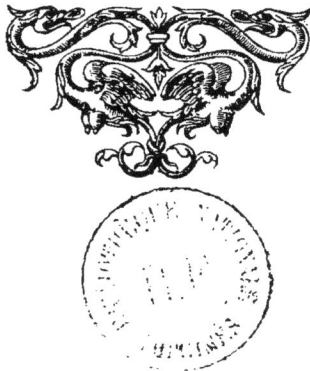

TABLE

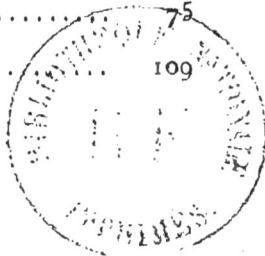

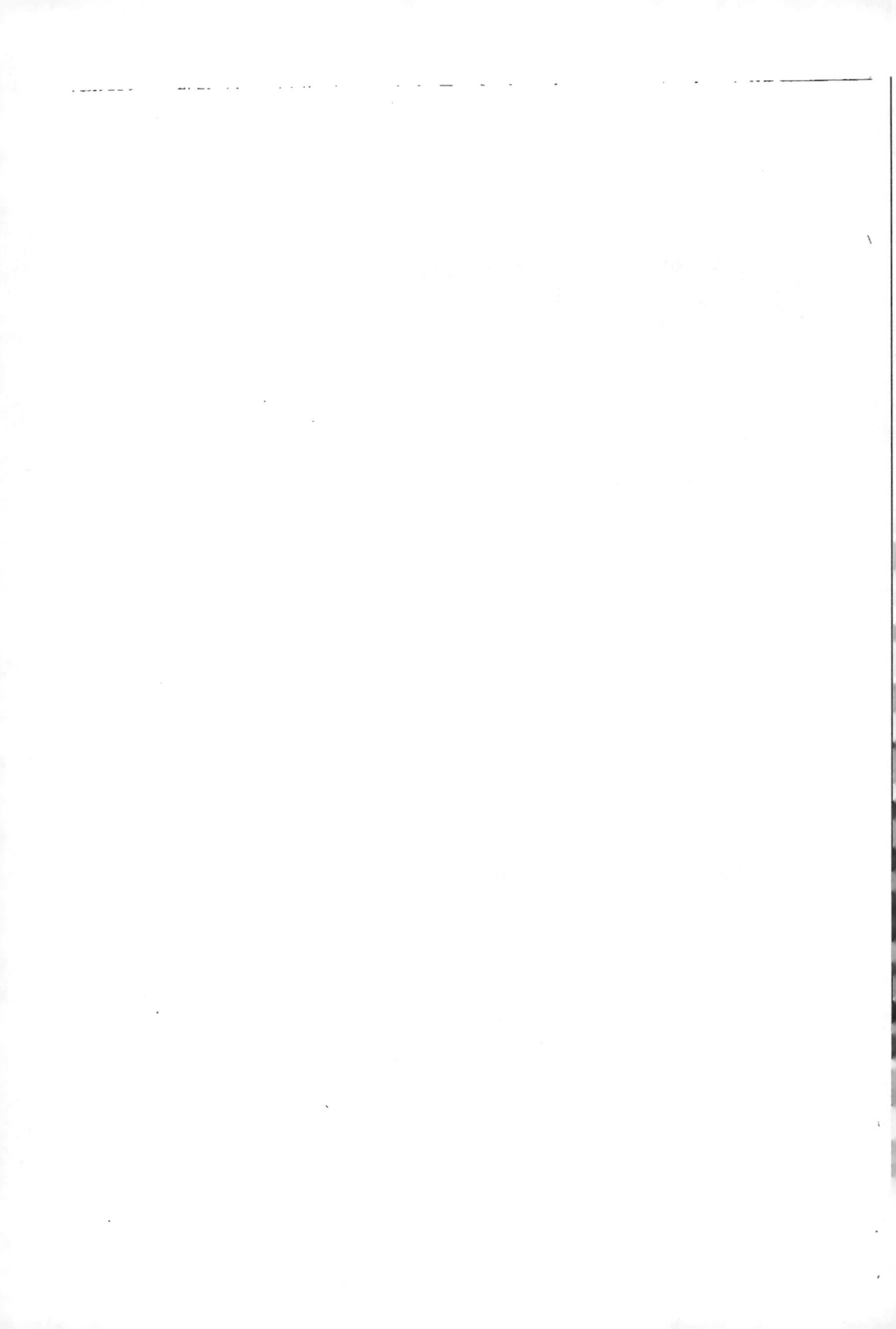

ACHEVÉ D'IMPRIMER

Sur les presses de Bluzet - Guinier

Typographe

A DOLE-DU-JURA

le 3o décembre 1876

Pour Léon WILLEM, éditeur

A PARIS

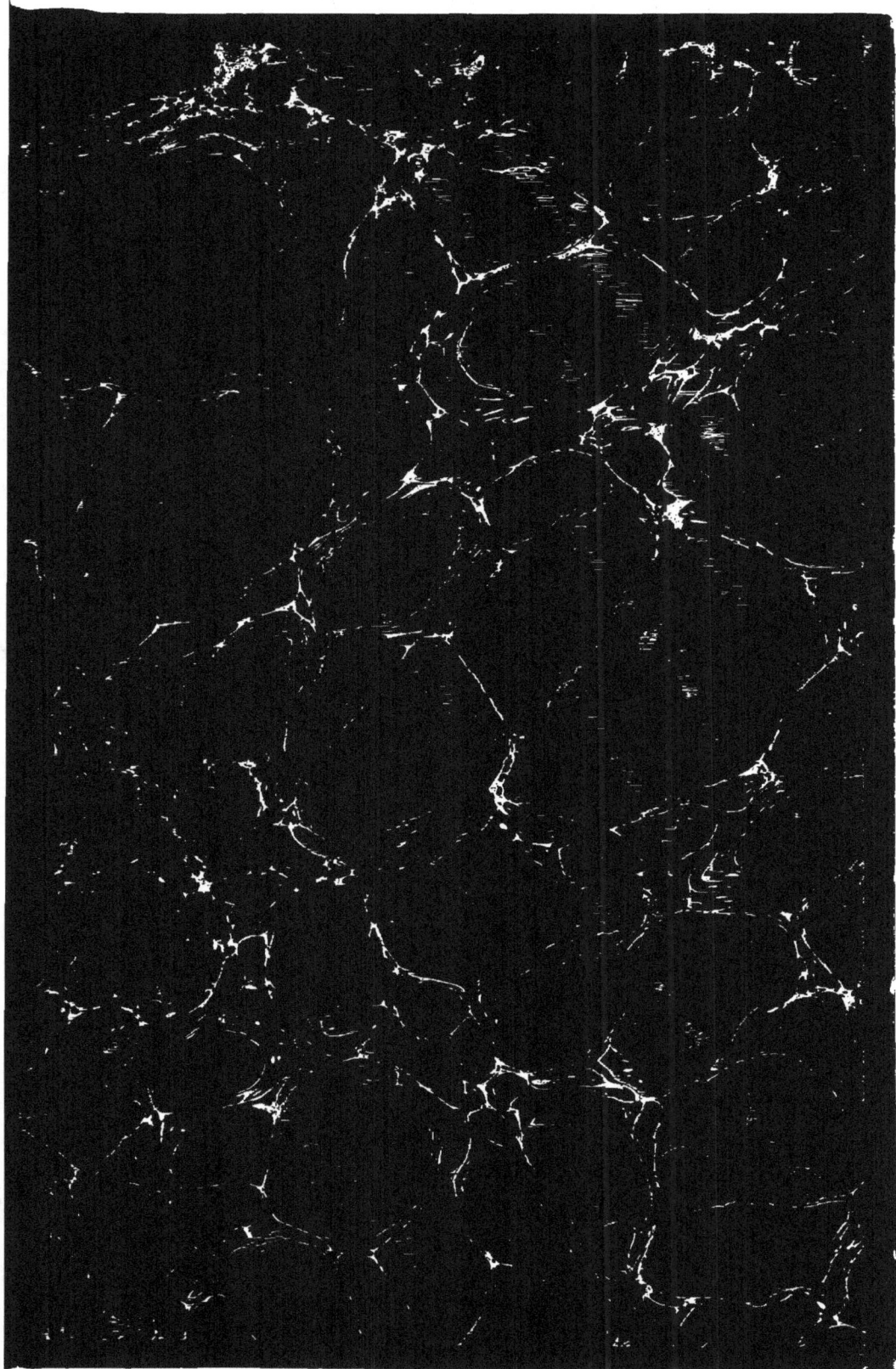

www.ingramcontent.com/pod-product-compliance
Lightning Source LLC
Chambersburg PA
CBHW050024100426
42739CB00011B/2771